国家社会科学基金一般项目“疫情冲击下企业社保减
收入损失的影响及助推机制研究（21BJY093）”阶段性成果

企业社保降费的稳就业效应：

税负压力、用工成本与雇佣决策

QIYE SHEBAO JIANGFEI DE
WENJIUYE XIAOYING
SHUIFU YALI
YONGGONG CHENGBEN YU
GUYONG JUECE

徐凤辉 ◎ 著

首都经济贸易大学出版社
Capital University of Economics and Business Press
·北 京·

图书在版编目（CIP）数据

企业社保降费的稳就业效应：税负压力、用工成本与雇佣决策/徐凤辉著 .--北京：首都经济贸易大学出版社，2023.9

ISBN 978-7-5638-3580-5

Ⅰ.①企… Ⅱ.①徐… Ⅲ.①企业—社会保险—研究—中国 Ⅳ.①F842.61

中国国家版本馆 CIP 数据核字（2023）第 166623 号

企业社保降费的稳就业效应：税负压力、用工成本与雇佣决策
徐凤辉 著

责任编辑 王 猛
封面设计 砚祥志远·激光照排 TEL：010-65976003
出版发行 首都经济贸易大学出版社
地　　址 北京市朝阳区红庙（邮编 100026）
电　　话 （010）65976483 65065761 65071505（传真）
网　　址 http://www.sjmcb.com
E- mail publish@cueb.edu.cn
经　　销 全国新华书店
照　　排 北京砚祥志远激光照排技术有限公司
印　　刷 北京建宏印刷有限公司
成品尺寸 170 毫米×240 毫米 1/16
字　　数 193 千字
印　　张 15.5
版　　次 2023 年 9 月第 1 版 2023 年 9 月第 1 次印刷
书　　号 ISBN 978-7-5638-3580-5
定　　价 64.00 元

序　言

自2009年以来，中国经济在复杂的国际与国内形势下砥砺前行。具体看来，2008年美国“大衰退”（Great Recession）内含的金融、债务和经济三重危机对世界经济产生冲击，当时国际上出现了贸易出口额下降、逆全球化甚至民粹主义的趋势，中国经济面临的国际形势开始发生重大逆转，外部动力对中国经济增长的拉动作用发生了由强至弱的根本性变化。自2001年加入世界贸易组织（WTO）以来，传统的拉动中国经济的三驾马车，即“出口、投资和消费”，首次明显失去平衡，中国经济增速开始进入下行通道，国内生产总值（GDP）增长率也逐步降至7%以下，并进入“提质增效”预期的经济新常态[①]。之后，中国政府开始通过一系列的积极财政政策、扩张性货币政策与各种经济工具，借以刺激、恢复和提振经济：2013年9月，中央提出建设“新丝绸之路经济带”和“21世纪海上丝绸之路”（即“一带一路”）的合作倡议；2020年5月，中央提出“构建以国内大循环为主体、国内国

① 经济新常态的三个主要特点：一是从高速增长转为中高速增长；二是经济结构不断优化升级，城乡区域差距逐步缩小，居民收入占比上升，发展成果惠及更广大民众；三是从要素驱动、投资驱动转向创新驱动。新常态给中国带来的主要影响包括：经济增速虽然放缓，实际增量依然可观；经济增长更趋平稳，增长动力更为多元；经济结构优化升级，发展前景更加稳定；政府大力简政放权，市场活力进一步释放。

际双循环相互促进的新发展格局”，等等。

减税降费作为我国刺激经济的重要措施，自经济进入新常态以来经常被采用。政府希望通过减轻企业负担，间接提高企业利润，扩大企业再投资，进而促进经济增长。工资税（主要指个人所得税、企业和员工社会保险缴费），作为一种调节社会劳动力需求的重要税收工具，被频繁纳入“税收一揽子计划”的财税政策之中。自2015年以来，我国先后借助社保缴费政策，多次降低或阶段性降低企业社会保险缴费，有效纾解企业——尤其是规模以下企业的用工成本负担，对稳定企业雇佣量与提升社会就业总需求的作用重大。新冠疫情以来，由于企业正常运营和扩大再投资受到影响，导致社会就业总需求大幅下降，大量（尤其是非全日制和灵活就业）劳动者遭受诸多损失，如工时减少、收入和工资率下降等（隐性失业）。中央高度重视疫情防控期间劳动力市场的就业困难，继续深入推进企业社会保险降费（简称“社保降费”）政策。据统计，截止到2022年8月，中央先后7次部署降低社会保险费率，5项社会保险费率总水平从41%降至33.95%，单位费率由30%降至23.45%，企业社保成本大幅下降①。

疫情防控政策调整是2023年中国经济复苏的最大政策利好，但后疫情时代的经济复苏似乎进入新的瓶颈期。2022年12月13日中国全面放松疫情管控，之后12月15日至16日召开中央经济工作会议，从财政政策、货币政策、产业政策、科技政策与社会政策几方面作出战略部署，及时地释放和表明中央恢复经济的决心、防控与化解经济风险的能力。按照以往的经验，中央恢复经济的决心对提振市场主体的信心至关

① 央视网：《中国这十年：阶段性减免企业社保费，有力支持企业渡过难关》；本书认为，截止到2022年底我国实际先后进行了8次企业社保降费，详见表3-4。

重要。从2023年初的宏观经济监测指标——制造业采购经理指数、非制造业商务活动指数和综合PMI产出指数观察到：1月份分别为50.1%、54.4%和52.9%，高于上月3.1、12.8和10.3个百分点；2月份分别为52.6%、56.3%和56.4%，高于上月2.5、1.9和3.5个百分点[①]。三大指数均连续两个月位于扩张区间，中国经济短期内出现“小阳春”，暂时恢复至合理增长区间。

但值得注意，经济恢复的动力相比信心更加重要。对于中国经济增长动力不足的问题，比较有代表性的观点是日本野村证券研究院辜朝明的“资产负债表式衰退”和英德米特·吉尔提出的“中等收入陷阱”之辩。必须承认，疫情的宏观冲击与微观影响具有反复性、滞后性与长期性，需要通过政府政策与市场主体的合力逐步修复、提升与完善经济增长的既有动力，发现、挖掘与激活经济增长的新型动力。观察宏观经济监测指标——制造业采购经理指数、非制造业商务活动指数和综合PMI产出指数：2023年3月份分别为51.9%、58.2%和57.0%，相比上月变化-0.7、1.9和0.6个百分点；4月份分别为49.2%、56.4%和54.4%，低于上月2.7、1.8和2.6个百分点[②]。三大指数均不同程度回落，中国经济恢复出现了反复。另外，由于劳动力市场失业回滞现象的存在，社会总体就业需求短期内很难恢复至疫情前的水平和状态，依然需要包括企业社保降费在内的各种政策组合的助推作用。2023年3月29日，《关于阶段性降低失业保险、工伤保险费率有关问题的通知》（人社部发〔2023〕19号）提出，“自2023年5月1日起，继续实施阶段性降低失业保险费率至1%的政策，实施期限延长至2024年底”，

① 来自国家统计局官方网站。
② 来自国家统计局官方网站。

“实施阶段性降低工伤保险费率政策，实施期限延长至2024年底”，等等。通过减费降税激发企业，尤其是民营企业活力，不失为恢复经济增长动力的一个良方。

基于以上企业社保缴费政策频繁调整的社会热点，近年来也衍生出关于评估企业社保降费相关政策的热潮。不难看出，2008年金融危机与2020年新冠疫情等外生冲击事件，严重影响以非正规就业为主的中国劳动力市场，也为对该主题的深入研究提供了较好的准自然实验。从劳动力市场的角度出发，如何有效评估企业社保降费政策在缓解就业冲击中的助推机制，必将成为经济新常态时期与后疫情时代制定和调整社保缴费与就业扶持政策的重点与难点。

基于理论研究和政策评估的视角，必需清醒地认识到，企业用工成本的提高和社保缴费负担，除了受到经济周期和外生冲击的影响，还受到其他诸多因素的影响，如人口结构转型、人口红利衰退、企业整体税负较重、企业社保缴费依从度不高等。但从国家和政府的角度观察，中国社会保险制度不完善，人口老龄化与老年抚养比过重，由此所导致的社会保险基金收支不平衡问题一直为相关政策制定的难点之一。

因此，作为政策的制定者，政府面临进退维谷的困境：一方面，必须尽可能降低微观企业的社保缴费负担，维持企业合理甚至较低的生产和用工成本区间，以此支撑宏观经济增长；另一方面，又要托底民生社保责任，维持社保基金收支平衡，加强对企业社保缴费纳税行为的监管。政府应如何权衡企业社保缴费、用工负担与社保基金收支平衡之间的关系？长期而言，可通过鼓励生育、延迟退休、社保体系改革等宏观途径，也可以利用重新划分社保缴费各承担主体责任的微观方式。

随着人口老龄化形势日益严峻以及经济增速的放缓，中国的社保体系改革问题和社保政策评估会越来越受到重视。社会保险缴费是企业劳动用工成本的重要组成部分，企业社保缴费所衍生的经济影响和劳动力市场效应是一个尚未系统展开、深入挖掘的研究领域。为此，本书从劳动力需求理论的角度，重点探讨企业社保缴费负担对企业诞生和企业雇佣的转嫁效应。本书认为，合理划分政府、企业和个人的社保缴费责任和承担比例，是缓解人口老龄化，维系社保体系稳定，降低企业社保缴费和用工负担的重要战略思路。

近年来，尤其是后疫情时代，中国劳动力市场的就业形势不容乐观，有必要更加关注劳动力市场需求侧改革，推动经济高质量发展，提升经济增长的就业效应。本书呼吁更多学者关注企业税收压力和人工成本上升趋势，为中国微观企业的良性发展出谋划策。后疫情时代，中国可能出现社会宏观层面、企业微观层面，甚至雇员人性层面的重构，而中国企业（尤其是规模以下民营企业和中小微企业）不畏艰难、砥砺前行的管理韧性和企业家精神更加令人敬佩，让我们向他们致以崇高的敬意！

由于时间、水平所限，书中难免存在不足之处，诚挚欢迎同行和读者们批评指正。

前　言

一、研究总目标

考察企业社保缴费率对劳动力需求的影响，进而评估中国当前的社会保险制度对劳动力市场和经济增长的政策效果，确定我国政府、企业和个人适当的社保缴费责任，为应对人口老龄化、社保制度不完善和劳动力市场供需不平衡等带来的社会现实问题的解决提供相应的理论指导。

二、研究具体目标

分析中国企业较重的社保缴费负担的成因；

测算中国企业平均的法定社保缴费能力和缴费负担；

考察中国企业社保缴费对企业成立（或诞生）的影响；

探索企业社保缴费对不同层面企业用工成本（员工工资）的影响。

三、思路框架

首先，鉴于人口红利、人口老龄化和社会保险体系所衍生的经济影响，有必要分析当前中国的老龄化状况，评价中国社会保险制度设计和运行现状，同时对不同省份企业平均的社保缴费能力和缴费负担进行测算；其次，分析企业的作用、以工业企业为例分析中国企业数量演变趋势与现状，实证分析社保缴费对企业成立数量的影响；再次，实证分析不同层面员工工资的影响因素，以及企业社保缴费在其中的作用；最后，提出相关政策建议。具体包括以下四部分：

（一）第一部分

从人口老龄化和社会保险制度两个维度解释了中国企业法定社保缴费负担过重的原因所在，包括第1章、第2章、第3章。

首先，从国内外两个层面分析人口因素、人口红利对经济增长的影响；其次，考察中国人口老龄化的总体状况，包括老龄化变化趋势、劳动力流动衍生的不同省份与经济区域的老龄化差异，主要探寻不同省份企业社保缴费负担差异性背后的人口因素影响；再次，从制度设计和制度运行两个方面评价中国社会保险体系存在的问题，以及可能的制度因素对不同省份企业社保压力产生的影响；最后，基于企业完全遵守法定社保缴费标准的假设，对中国不同地区的企业平均社保缴费能力和缴费负担进行测算与分析。

测算结果显示：①中国大多数省份的企业平均社保缴费负担偏重，仅有少数省份的企业平均社保缴费能力超过法定社保缴费率；②企业平均社保缴费能力和缴费负担，在不同省份之间存在较大差异，经济不发达省份的企业平均社保缴费能力偏低，企业平均社保缴费负担也较重，经济发达省份则相反。

（二）第二部分

从社会劳动力总需求的宏观层面考察企业社保缴费的经济效应，包括法定社保缴费能力和缴费负担对企业诞生（数量）的影响，以及企业平均社保缴费率对企业诞生（数量）的影响，包括第4章、第5章、第6章。

第4章，分析中国工业企业数量演变趋势和现状。首先，根据

1998—2009年的中国工业企业（主要指全部国有及规模以上非国有工业企业）数据，描述中国工业企业的数量演变趋势，以及工业企业诞生趋势；其次，采用第三次经济普查数据（简称“三经普”），描述我国工业企业现状，包括工业企业总数和诞生数。

第5章，采用计数模型和第三次经济普查地市级汇总数据，检验企业平均社保缴费能力和缴费负担对企业诞生的影响。实证结果表明：企业平均社保缴费能力与工业企业（制造业）诞生数量之间存在显著正向关系，企业平均社保缴费负担与工业企业（制造业）诞生数量之间存在显著负向关系。接下来，进一步划分为垄断行业、竞争行业和其他行业，以区分企业平均社保缴费能力和社保缴费负担对不同行业企业诞生的影响。

第6章，利用中国工业企业地市级汇总数据，通过计数模型实证分析企业社保缴费率对地市级企业诞生数量的影响因素。实证结果表明：养老和医疗保险缴费率、工伤和失业保险缴费率分别对企业诞生数量产生显著负向和正向影响；而住房公积金和住房补贴-工资比率对企业诞生数量产生显著负向影响。

工业企业按不同注册类型分类，重点分析国有及集体、私营和港澳台商（外商）投资工业企业诞生数量的影响因素，重点考察企业社保缴费率的影响。实证结果表明：①国有及集体工业企业诞生数量的影响因素中，养老和医疗保险缴费率、工伤和失业保险缴费率、住房公积金和住房补贴-工资比率分别产生负向、正向和正向影响；②私营、港澳台商（外商）投资类型的工业企业诞生数量影响因素中，养老和医疗保险缴费率的影响显著为负，工伤和失业保险缴费率的影响为正，住房公积金和住房补贴-工资比率的影响为正。

制造业按要素密集度分类，可划分为劳动密集型、资本密集型和技术密集型。实证结果一致表明：不同要素密集度制造业企业诞生数量的影响因素中，养老和医疗保险缴费率存在显著负向影响，工伤和失业保险缴费率则存在显著正向影响，住房公积金和住房补贴-工资比率存在显著负向影响。

（三）第三部分

从企业内部劳动力需求的微观层面考察社保缴费对企业雇佣行为的影响，具体指企业社保缴费率对不同层面员工工资产生的影响，主要包括第7章。

实证部分，采用“中国雇主-雇员匹配数据追踪调查”（China Matched Employer-Employee Longitudinal Survey，简称CMEELS），即企业层面和个人层面的微观数据[①]。第一层次，利用OLS模型分析个人特征和企业特征对员工工资水平的影响，并采用夏普里值回归分解原理，分离出企业特征对员工工资的影响。第二层次，分别采用2SLS估算企业实际社保缴费率对企业层面员工工资总额和个人层面月平均工资的影响。结果发现，企业社保缴费率每提高1%，企业员工工资总额和员工个人平均工资，分别下降1.1%和0.7%，1%和10%的统计水平上显著。第三层次，利用似不相关回归模型，实证分析企业实际社保缴费率对个人层面不同类型员工月平均工资产生的影响。结果发现，单个企业的社保缴费率，可能通过城市层面平均的企业社保缴费率或者行业层面平均的企业社保缴费率，对不同类型员工个人工资水平产生差异化影响。

① “中国雇主-雇员匹配数据追踪调查”是由中国人民大学2010年开始组织实施的针对我国企业场所和职工的微观调查。

（四）第四部分

本部分为研究结论和对策建议。中国企业承担的社保缴费负担过重，应该重新划分国家、企业和个人的社保责任或义务。总体政策建议是合理划清政府社保责任边界，降低企业社保缴费基数和缴费率，提高个人社保承担比重。此外，还需增强社保基金管理水平，提高社保基金使用效率。图 1 为本书具体逻辑思路。

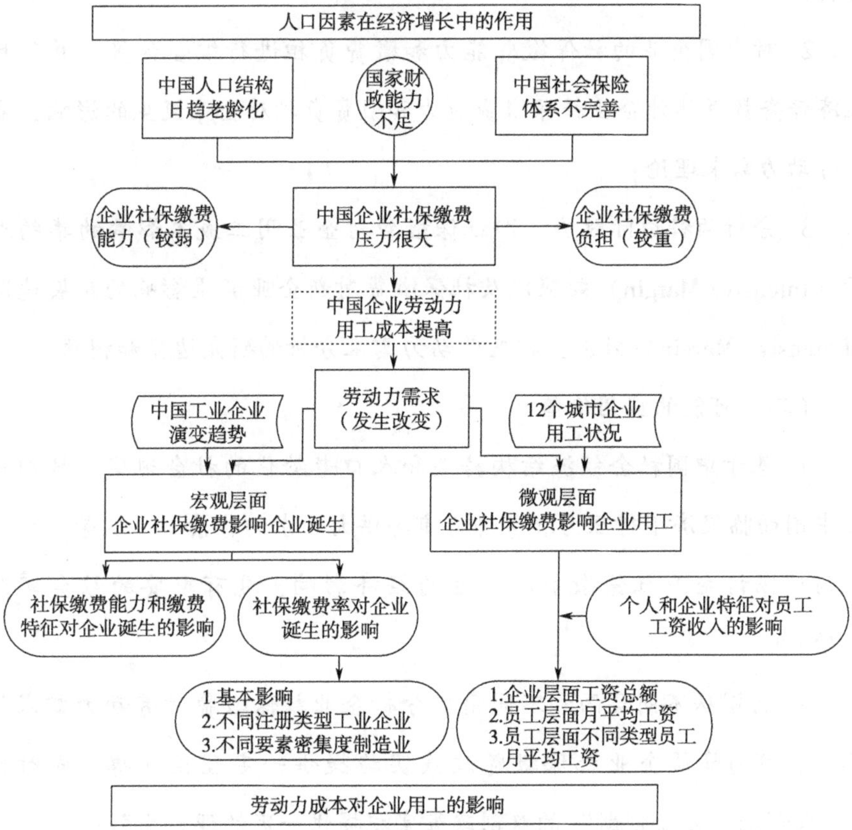

图 1　具体逻辑思路

注：中国目前的劳动力市场总量上供给大于需求，雇主拥有较大的用人自主权，基本符合劳动力买方市场的条件，故本书假定中国背景下的员工工资也能够反映企业用工形式的变化。

四、学术与应用价值

（一）可能的学术价值

1. 已有的中国文献大多基于个体劳动者角度研究劳动供给问题，从企业角度研究社保缴费劳动需求效应的文献较少，本书利用官方经济普查数据和雇主–雇员匹配（CMEELS）数据，考察企业社保缴费对两个层面劳动力需求的影响，丰富中国劳动力市场研究的文献资料；

2. 对中国企业的社保缴费能力和缴费负担进行综合估算，并利用经济普查数据估计企业社保缴费能力和缴费负担对企业诞生的影响，发展劳动力需求理论；

3. 分析两种边际效应，即社保缴费对企业用工成本影响的集约边际（Intensive Margin）效应以及社保缴费对新企业诞生影响的扩展边际（Extensive Margin）效应，扩展劳动力需求分析的研究边界和视角。

（二）可能的应用价值

1. 基于中国社会经济结构转型和人口老龄化的社会现实，特别是在中国面临经济下行压力和劳动力市场供大于求的背景下，从劳动力需求角度探讨企业社保缴费所衍生的经济影响，具有重要的社会实践价值；

2. 力图从不同层面和不同角度分析企业社保缴费对劳动力需求的影响，可为降低企业社保缴费政策实施提供一定理论支撑，同时为“大众创业，万众创新”的双创政策实施提供一定的理论指引；

3. 通过分析社保缴费对企业诞生和企业用工成本的影响，力求理清政府、企业和个人在社保缴费中的责任边界，可为政府、企业和个人的社保责任分摊提供一定的理论指导。

五、数据使用

利用国家统计数据与第三次经济普查地市级汇总数据，测算不同省份的企业平均社保缴费能力和社保缴费负担对工业企业诞生数量的影响。

利用“中国工业企业数据库”1998—2009年数据，描述我国工业企业发展轨迹，同时使用截面数据实证分析企业社保缴费率对地市级（和不同行业、不同注册类型）企业诞生数量的影响①。

使用雇员与雇主匹配数据，实证分析企业社保缴费与企业内部用工形式（劳动力成本）之间的关系，包括对企业员工工资总额、员工个人平均工资以及不同类型员工个人平均工资的影响。

六、研究方法

描述分析法：使用中国工业企业数据，分析中国国有及规模以上非国有工业企业在企业数量方面的变化趋势；使用人口抽样调查数据，分析中国老龄化的目前整体现状和未来发展趋势，以及不同地区的老龄化差异。

计量模型法：采用计数模型，分析企业社保缴费能力和缴费负担对新诞生企业数量的影响；分析企业社保缴费率对（不同注册类型和不同要素密集度制造业）新诞生企业数量的影响；为避免扰动项之间的相关性，采用似不相关回归模型，探讨企业社保缴费对不同类型员工工资的影响，等等。

工具变量法：实证分析企业社保缴费率（即企业社保缴费额－员工工资总额的比率）对员工工资总额的影响时，很多遗漏变量对员工工

① 关于中国工业企业数据库的详尽介绍，参见：聂辉华，江艇，杨汝岱．中国工业企业数据库的使用现状和潜在问题［J］．世界经济，2012（5）．

资总额产生影响，也可能影响主要的解释变量——企业社保缴费率。即主要自变量极有可能存在内生性问题，使得系数估计值存在偏大风险。本部分实证分析采用2SLS方法解决内生性问题，选择（1）每个城市平均的社保缴费比率与（2）每个行业平均的社保缴费比率，分别作为工具变量。

七、研究创新

第一，本书选题具有一定新颖性。劳动经济学研究中较少关注社会保障问题，而社会保障研究中较少关注劳动力市场和收入分配问题，本书从企业社保缴费的角度分析劳动力的需求效应，具有一定的学科交叉意义。

第二，本书从老龄化趋势和社会保险体系不完善两个维度解释我国企业社保缴费负担过重的成因。研究老龄化与企业社保负担关系时，以第一类、第二类人口红利的视角，分析人口因素、人口结构转变与经济增长（或发展）的关系。同时，本书重新测算了我国不同省份的企业平均社保缴费能力和缴费负担，而以往研究大多以中国工业普查数据库2007年及以前数据为基础进行测算。

第三，本书在量化分析方面有所突破，在重新评估我国不同省份的企业平均社保缴费能力和缴费负担基础上，估算其对不同省份不同行业企业诞生的影响，并利用中国工业企业数据分析城市级的平均社保缴费率对城市级别企业诞生的影响，在宏观层面剖析劳动用工成本与劳动力需求的关系，这一研究方法具有一定学术价值。

第四，本书基于我国劳动力供大于求的事实或背景，认为员工工资能够在一定程度上反映企业内部的劳动力需求状况；从企业社保缴费率对不同层次员工工资影响的视角，在微观层面分析劳动用工成本与劳动力需求的关系；而以往的研究大多从企业员工工资总额的视角进行分析。

八、研究不足

其一，企业社保缴费虽然在企业全部生产成本中所占的比重较小，却是劳动力成本的重要组成部分。与国际上其他国家相比，我国企业社保缴费比重偏高，在中国工资水平持续上升的背景下，不利于企业扩大劳动用工。但本书的研究并未扩展到企业社保缴费对企业雇佣量的分析，这可能是本书的不足之一。

其二，本书理论基础分析较少，理论核心是用工成本对劳动力需求的影响；而根据以往相关研究，企业诞生主要是以投资理论为支撑，即资本投资成本小于资本收益时，企业才会发生投资设厂行为。这也是本书存在争议之处。

其三，本书实证部分对于社保缴费与企业诞生关系的分析，采用的是地市级汇总的截面数据，并未采用追踪数据以剔除时间、城市等固定效应的影响。此外，使用中国工业企业数据库导致数据汇总处理存在诸多困难，而且涉及社保缴费指标的年份也很少，只能采用2007年数据进行实证分析，这是本书的另一不足之处。

目　录

1 人口因素、人口红利与经济增长

无论何种生产力水平条件下，人口因素对经济增长的贡献均得到较为一致的认同。工业社会以前，人口因素对经济增长的影响主要体现为人口数量与物资资料生产、生活资料满足三者之间的相互制约关系，即所谓人口增长的“马尔萨斯陷阱”约束，并不存在人口年龄结构和老龄化对经济增长或经济发展的制约问题。但一个国家或地区一旦步入工业社会，尤其是进入工业化中后期，人口年龄结构和老龄化就开始成为制约经济增长的重要因素。无论是以欧美国家为代表的前工业化国家，还是以中国为代表的后工业化国家，均印证了这一趋势。

1.1 人口因素影响全球经济增长的总趋势

一国（或地区）长期潜在增长率取决于两个重要因素，即劳动力和劳动生产率，而劳动生产率又依赖人力资本和生产技术。从经济理论看，人口因素是经济增长的一个基本投入要素，是经济落后地区趋同于经济发达地区的重要条件之一。人口因素必然通过某种机制或路径影响经济增长，而不会自发地实现，它需要寻找到改变趋同条件的途径和方法，并且创造实现趋同的条件（蔡昉，2004）。主流经济学理论认为，劳动力（数量）是经济增长的重要因素之一（如 Solow 模型、Dimond 模型、Ramsey 模型为代表的新古典增长理论）。

从工业化和人口结构转变的视角，学者分析了人口因素与经济增长的关系：①老年人口寿命延长所引发的人口增长，对经济增长产生抑制作用；②死亡率下降所引发的人口增长，对经济增长不产生影响，因为经济活动人口和抚养人口的比率保持稳定；③由于出生率的上升引发的人口增长，对经济增长具有双重作用——短期看，更多的婴儿需要喂养且婴儿的死亡率较低；长期看，（一般 20 年后）将会产生更多的经济活动人口（Bloom & Williamson，1998）。

人口年龄结构，即人口红利的重要性愈加凸显。尤其是第二次世界大战后获得独立的发展中国家，更集中体现了这些特征。Bloom & Williamson（1998）考察了亚洲新兴经济体人口转型与经济奇迹的关系，认为人口数量的增加促进经济增长主要是通过影响工作年龄人口与抚养人口的比例来实现的①。人口年龄结构可以通过人均劳动力增长率、储蓄率变化、投资率变化三个渠道作用于经济增长（Higgins & Williamson，1996）。然而，人口老龄化对经济增长并不完全是阻碍作用，但会带来人口负担比增加和经济增长率较大波动的风险。Bloom & Williamson（1998）在经济增长影响因素分析中，把人口抚养比作为人口红利的替代变量，用以考察对经济增长的贡献。而蔡昉（2013）根据中国经验发现，人口红利的作用并非人口抚养比单一变量所能够完全涵盖的，其隐含于所有影响经济增长的变量中。各个国家

---

① Bloom & Williamson（1998）一文中所定义的亚洲，东亚（包括中国内地、中国香港、日本、朝鲜半岛、新加坡和中国台湾），东南亚（包括柬埔寨、印度尼西亚、老挝、马来西亚、缅甸、菲律宾、泰国和越南），南亚（包括阿富汗、孟加拉国、不丹、印度、马尔代夫、尼泊尔、巴基斯坦和斯里兰卡）。参见：BLOOM D E，J G WILLIAMSON. Demographic Transitions and Economic Miracles in Emerging Asia［J］. The World Bank Economic Review，1998，12（3）：419-455.

（或地区）人口结构转型过程中，未必一定会出现人口红利，还取决于其所处的社会、经济和政治环境等因素（Bloom & Williamson，1998）。

人口年龄结构变化对经济发展的影响，也可以通过第一类人口红利和第二类人口红利产生作用（Lee & Mason，2006）。所谓第一类人口红利，来源于家庭或社会少儿抚养比下降引起的适龄劳动人口在总人口中比重的上升。如果总人口中较大比重的人在工作，则平均生活水平将会得到改善。首先，由于有效劳动者数量的增加，低收入家庭将因此减少生育率，提高生活水平；其次，经济体中更多人参加劳动，公共财政将得到改善，会有更多资源投向低收入家庭。学者通过对许多国家的考察发现，1960—2000 年第一类人口红利对人均经济增长的贡献率维持在 9.2%～15.5%之间（Mason & Kinugasa，2008）。第一类人口红利往往在持续几十年后会逐渐消失，被第二类人口红利所替代。

第二类人口红利来源于人口年龄结构的变化，提高了整个社会的储蓄水平和投资水平，以及物质资本和人力资本的积累。这些因素决定了劳动生产率水平的提高。给定一定数量的资本和快速增加的劳动力，资本使用成本较高；相比之下，当资本总量积累到一定水平而劳动者的数量逐渐减少时，人均劳动者的资本量就会增加。人口结构的变化会促使一个国家增加资本投入，从而提高劳动者的生产率水平（Birdsall，Kelley & Sinding，2003）。

根据人口转型所处的阶段，人们将世界上的所有国家划分为四类（具体划分标准参见表 1-1）。

表 1-1 不同类型人口红利划分标准

劳动年龄人口比重增长率	1985 年的总和生育率		1985 年的总和生育率	
	<2.1	≥2.1	<4	≥4
≤0	后人口红利	晚期人口红利		
>0			早期人口红利	前人口红利

注：劳动年龄人口的界定是 15~64 岁；总和生育率表示每名妇女一生中平均生育子女数。

其中，前人口红利国家（Pre-dividend Country），多数处于经济发展水平较低的地区，并且以高出生率为主要特征，平均妇女生育儿童数超过 4 个。这些国家人口高抚养比的下降依赖于生育率的下降。

早期人口红利国家（Early-dividend Country），多数处于中低收入国家行列，正经历人口出生率下降以及未来适龄劳动人口比重迅速上升这一人口结构转变过程。对处于这一阶段的国家而言，首要的任务是获得第一人口红利，从而为第二人口红利的获得奠定基础。

晚期人口红利国家（Late-dividend Country），多数处于中高收入国家行列，这些国家的劳动适龄人口比重几十年内持续下降，同时老年人口比重迅速上升，但整体年龄结构仍有利于第一人口红利的获得。对于这些国家而言，能否获得第二人口红利是人口结构转变的关键。

后人口红利国家（Post-dividend Country），多数处于高收入国家行列，这些国家的总和生育率下降至低于人口替代的水平，劳动适龄人口比重继续下降，老年人口数量已经很高。这些国家虽无法获得第一类人口红利，但仍旧能够获取第二类人口红利。

从图 1-1 可以看出，妇女平均生育子女数，前人口红利国家超过 4 个孩子，早期人口红利国家在 2~4 个孩子之间，多数晚期人口红利国家在 1~2.5 个孩子之间，而后人口红利国家在 1~2 个孩子之间。妇女总和生育率往往与该国的经济发达程度呈现负向关系，即人口红利的发展可能对一国经济发展产生促进作用。

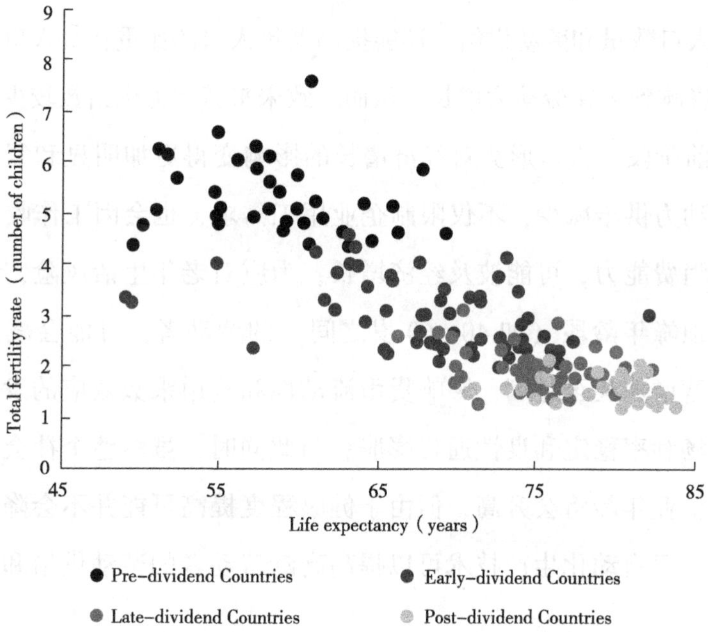

图 1-1　以人口结构特征划分的国家类型

注：总和生育率是指给定国家妇女平均生育儿童数，并假定至少生存到生育年龄结束。具体的数值参见附录 1-1。

资料来源：世界银行根据联合国 2015 年的数据估算。转载自：WORLD BANK GROUP. Global Monitoring Report 2015/2016：Development Goals in an Era of Demographic Change，2016.

1.2　当前人口形势对全球经济的挑战

现实中，各国的经济政策制定者们常常参照凯恩斯主义和美国应对 1929—1933 年大萧条时的罗斯福新政，以财政政策或货币政策作为宏观调控工具的首选，却相对弱化了对人口形势与经济增长关系的考察。

目前，人口因素影响经济增长的路径主要体现为人口寿命延长和生育率下降并存，并逐渐演变成一个长期趋势：①人口寿命延长不仅能增加老年人口数量和劳动供给，还能提高老年人口的比重；②人口生育率下降会影响到潜在劳动力增长，从而导致未来劳动力供给数较少。

当前阶段，人口形势对经济增长的影响变得更加明显和复杂。例如，劳动力供给减少，不仅限制企业用工需求，也会因工作收入减少而削弱消费能力，可能波及经济增长；为应对老年生活风险，许多处于事业顶峰年龄段（如 40~60 岁之间）的劳动者，可能会减少消费导致储蓄增加甚至过剩，影响货币流动性和货币乘数效应的发挥，不利于市场利率稳定和良性通货膨胀；与此同时，虽然整个社会的劳动者平均就业年龄将会升高，但由于健康程度提高可能并不会降低劳动生产率，而自动化生产技术可以提高高龄劳动者的劳动供给和生产效率等。

世界各国人口形势普遍发生了转折。联合国曾预测，发达国家劳动年龄人口总量 1950 年出现首次减少后将出现持续减少趋势。这有几个主要的原因：婴儿潮（在中国主要指 20 世纪 60 年代前后出生）一代逐渐进入退休年龄；随着服务业的发展，劳动力市场中职业女性的绝对数量逐步提高、相对比重趋于稳定，导致生育意愿和生育率下降；青年适龄劳动者，由于接受了更长时间的学校教育、更好的代际资源传递而延迟进入劳动力市场时间，减少了社会总体劳动者数量；许多非技术工人难以适应技术变革，大量退出劳动力市场或减少劳动时间，成为非全日制用工的主体。

1.3 人口因素影响中国经济的总趋势

在中国封建社会，人口因素往往通过土地和农业对经济增长产生影响。一方面，人口数量的增加，能够提供更多农业劳动力资源，促进以农业为核心的整个社会的经济出现短暂增长；反过来，中国封建社会的经济增长，即农业生产成果的增长，能够增加生活资料，以满足人口增长的需要。

其特征或原因如下：①农业社会，人口的初始劳动年龄较小，人均寿命较短，劳动力代际补充时间不长，短期内即可满足一个国家农业生产所需劳动力；②人口增长缓慢和人均寿命较短，导致产生的老年人口极少，因此适龄劳动人口比重较大[①]；③劳动力具有高度同质性，多数劳动力依附于土地资源，经济增长主要源泉于农民数量及其土地产出。

战争、疾病、自然灾害、人口迁移等因素也影响人口数量。例如，李楠和林矗（2015）讨论了太平天国运动失败后的南迁移民，以及光绪初年大旱灾对人口数量的影响。在马尔萨斯增长阶段，一切活动都围绕着生活资料的生产和分配进行，人口数量和生产资料会自发达到平衡，决定了人口因素与经济增长也会自发达到平衡。

在我国，人口因素对经济增长一直有着较大的贡献率。新中国成立初期，中国之所以能够初步建立完整的工业化体系，得益于当时政府试图鼓励生育提高人口基数，通过人口资源弥补物资资源和资金资源的严重不足。而改革开放后，人口红利在中国经济增长中的贡献率，也得到了国内外学术界较为一致的认可。

① 人口增长缓慢主要表现为：偏高的婴儿出生率、偏高的人口死亡率和较低的人口自然增长率。

1978年后的几十年，人口数量对经济增长的作用依然直接，主要表现为农业剩余人口不断地向城镇聚集，能为大规模工业生产提供充裕又廉价的劳动力。劳动力比较优势得到充分利用，成为中国经济增长不可或缺的资源。劳动力近乎无限供给，工资水平较低且增长缓慢，曾是中国人口红利的典型特征。但近年来，中国人口结构转变速度加快，适龄劳动力数量持续减少，老年人口加速增长，这是世界人口结构变化规律和人口老龄化总趋势在我国的体现。

作为新兴市场国家的代表，中国未来的劳动年龄人口数量也会出现减少趋势。从增量视角看，劳动年龄人口的净增数，在2010—2020年明显下降，有1.79亿人进入劳动年龄，低于2001—2010年的2.27亿人，1991—2000年的1.98亿人。另外，2010—2020年接近1.6亿人逐步退出劳动力市场进入老年阶段，明显高于2001—2010年的1.14亿人及1991—2000年的0.98亿人。综合以上两个方面，适龄劳动人口的净增量2010—2020年大幅降至2 300万人左右，明显低于2001—2010年的8 200万人及1991—2000年的9 000万人；适龄劳动人口的年平均增速，在2010—2020年降至0.3%，也低于2001—2010年的0.9%。[①] 劳动年龄人口变化拐点如表1-2所示。

表1-2 劳动年龄人口变化拐点

	总人口	劳动年龄人口		
		适龄劳动力（15~64岁）	年轻劳动力（15~29岁）	年长劳动力（30~64岁）
增速见顶	1970年左右	1970年左右	1970年左右	1980年左右
占总人口比重见顶		2013—2014年	1990年左右	2030年左右

① 来自瑞银集团报告《中国经济未来二十年（二）：人口结构的变化和挑战》。

续表

	总人口	劳动年龄人口		
		适龄劳动力（15~64岁）	年轻劳动力（15~29岁）	年长劳动力（30~64岁）
绝对数见顶	2030年左右	2015—2016年	1990年左右（一次见顶，全局性）2011—2012年（一次见顶，局部性）	2030年左右

资料来源：Havertys，UN，瑞银证券估算。

1.4 人口红利与中国经济增长

经济增长或发展永远是一个学术界感兴趣的问题。蔡昉（2015）将主要的经济增长理论整合到一个较为完整的框架下，认为一个国家（或地区）经济增长的大致脉络依次是，M类型增长（以马尔萨斯陷阱为特征），G类型增长（以格尔茨内卷化为特征），L类型增长（以刘易斯二元经济发展为特征），T类型增长（以刘易斯转折点为特征）[①]，以及S类型增长（以索洛新古典增长为特征）（蔡昉，2013，2015）。至于经济增长的动力来源，学术界对此一直未能形成定论，其始终是困扰现实经济增长的理论之谜。详见图1-2。

相比早期的欧美工业化国家，亚非拉等地区的后起国家（或地区）人口转型过程更快（蔡昉，2013）。这可能与后起国家经济发展处于初始阶段有关，在资本严重匮乏或资本积累严重不足的初始阶段（或时期），政府经常试图通过政策强制来干预人口的自然转型规律，形成适龄劳动人口以青壮年为主的人口年龄结构，创造出有利于经济增长的人

① T类型增长，也被认为是L类型增长的一个阶段。

口红利，达到粗放型劳动力投入和节约型物质资本投入的预期，从而更好地服务于工业化体系建设的需要。

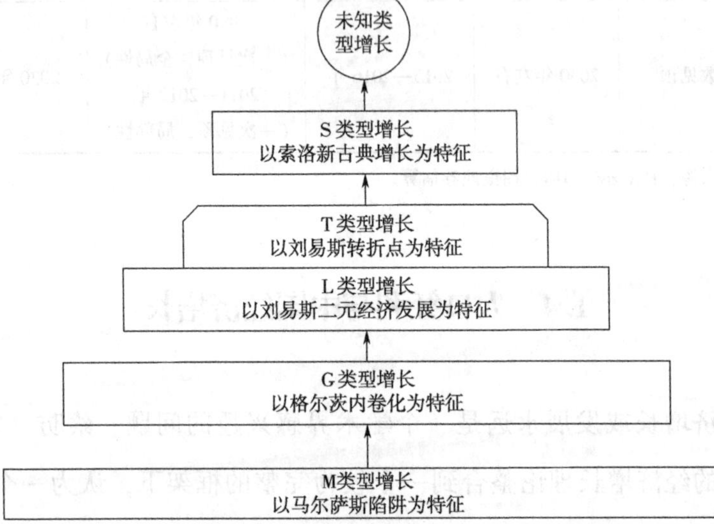

图 1-2　不同经济增长阶段划分

中国近现代的经济增长似乎具备典型的上述特征，如新中国成立初期，面临着国内生产和生活资料极度匮乏，国际政治经济封锁双重夹击的艰难困境。在“人多力量大”的发展思维指导下，实施鼓励生育的人口政策，如今来看可能有着极其深刻的内在经济规律和政策逻辑。事实也证明，中国计划经济时期，在超强的国家引领下，通过大量的劳动力投入，较好地发挥了劳动力要素对资本要素的替代效应，为建立较为完整的工业化体系奠定了坚实的物质基础①。计划经济时期中国以高出

① 也存在不同的观点。如秦晖（2015）认为，东欧国家在市场化之前建立了较为完善的工业化体系，但在市场化改革之后不仅没出现经济奇迹，甚至出现解体；越南南部许多城市在市场化改革之前没有工业化体系，但在改革之后却出现了类似中国的经济增长速度（引自 2015 年 12 月 5 日秦晖在“搜狐财经变革力峰会：新风口・新引擎”的演讲《中国家庭严重“南非化”已不仅是经济问题》）。

生率、低死亡率和高自然增长率为特征的人口增长模式，以及受严格户籍制度限制所形成的大量城镇国有企业和农村农业隐性剩余劳动力，不仅为当时的经济恢复和发展创造了数量庞大的劳动力投入，也为改革开放之后的经济起飞提供了必要的劳动力比较优势和人口红利。从计划经济开始瓦解到市场经济体制初步建立的相当长一段时期内，中国经济增长模式具有典型的G类型增长（格尔茨内卷化）特征。

自改革开放以来，中国经济保持了几十年的高速且平稳的增长态势，取得了令世界瞩目的经济增长奇迹。而中国经济高速增长背后的原因，长期以来是一个饱受争议的话题。不同学者从自身学科和研究视角出发，给出了差异化的原因解释：如20世纪70年代末，通过政治力量使得中国及时走出“文革”时期引发的社会混乱局面；如20世纪80年代通过制度因素变革（包括1984年农村家庭联产承包责任制和1985年城市国有企业经营管理体制改革），产生帕累托改进形成经济增长动力；如20世纪90年代通过确立市场经济体制、建立现代企业制度方向、国有企业减员增效与深化改革，增强了中国国有企业的活力；如2001年加入WTO后，通过对外吸引外资、管理经验和贸易顺差，对内以土地财政为基础的扶持房地产经济及其附属产业链的经济政策和发展战略，保持了中国经济高速增长和基础设施加快建设的良性局面。

通过已有线索发现，中国经济增长奇迹产生的原因较为复杂，既包括深化改革所产生的制度红利，也包括提高全要素生产率所产生的技术红利。但这段时期的中国呈现出极为明显的刘易斯二元经济发展阶段特征（即L类型增长），有利的人口结构为人口红利形成奠定了基础。

20世纪60年代的婴儿潮以及70年代末计划生育政策的引导，使得中国人口结构发生了有利于经济发展的较快转变，即少儿人口比重快速下降，适龄劳动人口比重快速提高，老年人口比重保持稳定。此后，20世纪90年代户籍制度的放松又进一步解放了农村隐性剩余劳动力，为城市经济发展中的基础设施建设和低端制造业、低端服务业提供了近乎无限供给的廉价劳动力。改革开放40多年来，人口红利对以发展城市经济为重点的中国式经济增长的贡献极大。

2001年中国加入世界贸易组织之后，得益于世界贸易处于扩张期，中国经济增长速度较快，经济总量一跃超过德国、日本，成为仅次于美国的世界第二大经济体。但二元经济发展阶段（即L类型增长）终究要面临人口红利的终结，进入所谓的刘易斯拐点（即T类型增长），向索洛新古典增长阶段（即S类型增长）过渡。作为处于工业化进程中的后发经济体，中国亦难免经历这一过程。按照蔡昉（2013）的理论划分，2004年我国沿海地区出现的“民工荒”即标志着刘易斯拐点到来，此后出现全国性工资上涨，至2010年适龄劳动人口开始停止增长，标志着刘易斯转折区间的完成（蔡昉，2013）。但实际上，中国经济2010年前后开始进入二元经济最后阶段，即向S类型增长阶段过渡，这也被称为刘易斯陷阱。在此期间，始于2008年美国的“大衰退”（Great Recession）内含的金融、债务和经济三重危机对中国经济产生冲击，中国进入以低速增长为主要特征的经济新常态。中国经济正在经历能否跨越“中等收入陷阱”的复杂形势和艰难考验。日益扩大的土地财政规模，尤其是2015年货币化棚改使得地方财政一时间收入充足，政府为主导的投资刺激短期内拉动了中国经济，但由此造成的隐患近年来日益凸显。

在此时期，我国面临的人口形势持续恶化，劳动力比较优势正遭遇少子化和老龄化的进一步挤压，潜在劳动人口比重增速不高，适龄劳动年龄人口绝对数和相对比重均出现下降趋势，老年人口绝对数和相对比重都在持续上升，中国人口红利在未来二三十年间存在消失殆尽的可能。而婴儿潮和计划生育政策的长期负面影响也开始显现，导致2010—2020年我国进入极快的人口结构转变过程。这里可划分为两个阶段：第一阶段，我国早在1997年就开始进入老龄化社会，主要原因在于20世纪70年代末开始的计划生育政策，即少儿抚养比快速下降使得老年人口的比重相对提高，但劳动年龄人口基数较大且在绝对数量和相对比重上变化相对稳定①。第二阶段，2010年至今中国的老龄化问题趋于严重，老年人口不仅相对比重上升，而且绝对数量也快速增加：一方面，20世纪60年代婴儿潮一代逐步进入老年阶段；另一方面，计划生育政策导致社会生育意愿不足。此外，教育过度产业化、高房价等因素拉高了养育成本，导致了从“不能生”到“不愿生”再到“不敢生”的生育趋势演变。

1.5 人口老龄化对中国经济增长的制约

1.5.1 我国人口老龄化总体趋势

我国早在1997年开始进入老龄化社会。由于计划生育等因素的影响，人口老龄化上升趋势不可逆转。人口普查及统计数据显示，我国65岁及以上人口由2000年0.88亿，2010年1.19亿，2020年1.91亿，

---

① 按国际惯例：60岁及以上人口占总人口的比重超过10%，或65岁及以上人口占总人口的比重超过7%，即为老龄化社会。

上升至 2022 年 2.1 亿，占总人口比重分别为 6.96%、8.87%、13.5%和 14.9%；2000—2022 年我国 65 岁及以上人口年均增长率为 4.02%。另外，老龄抚养比也是衡量老龄化程度的重要指标。人口普查数据显示，我国 65 岁及以上老年抚养比已从 2000 年 9.9%，2010 年 11.9%，上升至 2020 年 19.7%。

从各省（自治区、直辖市，下文中省级行政单位简称为“省份”）角度看，2000—2010 年，各省份差异整体变化不大，老龄化变化较大地区集中在西北和东北地区，上海、浙江、福建、广东、山东、江苏等沿海发达省份老龄化出现了下降趋势，其他诸如江西、河南、贵州、湖北、四川等省份老龄化出现不等程度的小幅上升。

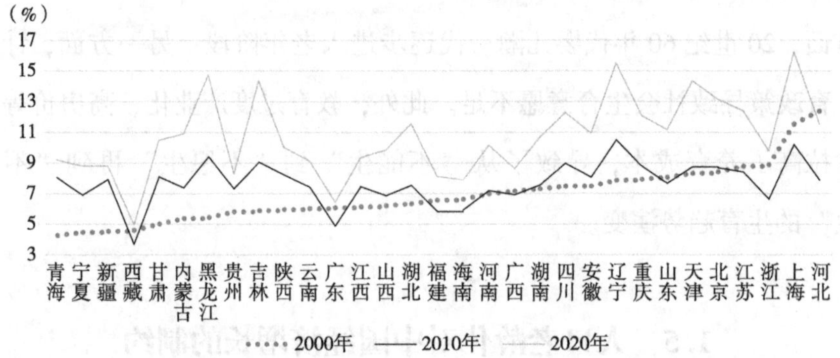

图 1-3　中国各省（自治区、直辖市）老龄化程度（65 岁及以上）

资料来源：相关年份《中国人口和就业统计年鉴》。

2010—2020 年，多数省份老龄化趋势发生较大逆转，老龄化由下降趋势逆转为上升趋势的主要包括上海、江苏、河北、山东、浙江、福建、海南、广东等沿海省份，其中，老龄化上升幅度最大的依次是上海、天津、黑龙江、吉林、辽宁、北京、湖北、江苏、河北、山东等省份。详见图 1-4。

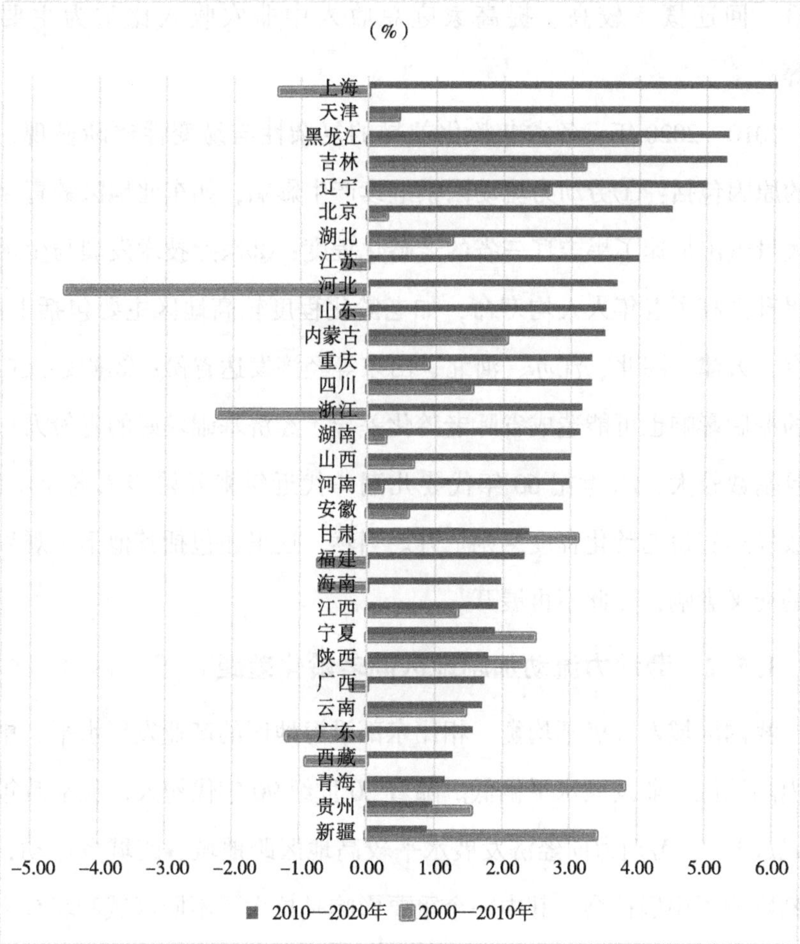

图 1-4　分阶段省际老龄化演变趋势

资料来源：相关年份《中国人口和就业统计年鉴》。

仅十年间，为何省际老龄化差异变化如此巨大？初步的解释可能是：2000—2010 年劳动力流动对各省老龄化趋势的影响较大，中西部地区年轻一代农村青年剩余劳动力大都供给至东南沿海省份，一方面提高了流出地老龄化程度，另一方面缓和、降低了流入地的老龄化程度。但十年间劳动力流动具有以下典型特征：保持原户籍身份、回迁概率较高、提高家庭总收入中非农收入比重为主要目标等。

2010—2020 年，各省老龄化差异的复杂性与易变性逐渐显现，可能的原因包括：①劳动力流动因素继续产生影响，如东北地区的青年人口大量流出加速了黑吉辽三省的老龄化程度；②医疗技术发展与生活质量提升提高了老年人人均寿命，如老龄化程度较高地区主要包括上海、北京、天津、湖北、江苏、河北、山东等经济发达省份；③初始人口分布的滞后影响也可能造成省际老龄化差异，经济基础较好的省份人口聚集且基数较大，20 世纪 60 年代婴儿潮一代近年来开始步入老年阶段，造成发达省份老龄化程度急剧上升。当然，这里还包括其他不可观测因素的交叉影响，在此不再展开。

1.5.2 劳动力流动加剧地区间老龄化差距

我国区域发展极不均衡，相比东部沿海地区的产业发展水平，中西部内陆地区产业发展水平偏低。随着 20 世纪 90 年代初人口流动政策的正式放开[①]，劳动力向经济发展水平较高地区跨地域、跨城乡流动，这深刻影响了中国社会。其中一个重要影响是拉大了不同区域和城乡之间的老龄化差异。例如，劳动力迁入可能是经济发达地区人口老龄化出现下降趋势的关键因素，如南部沿海、东部沿海经济区；劳动力迁出是经济不发达地区人口老龄化日益严重的重要推力，如大西北、黄河中游、长江中游以及大西南地区。

为进一步验证以上的理论解释，本书将 31 个省份划分为不同经济

① 1993 年劳动部下发《关于印发〈再就业工程〉和〈农村劳动力跨地区流动有序化——“城乡协调就业计划”第一期工程〉的通知》。

区域[1]。如图 1-5 所示，从不同经济区域看，2000—2010 年，南部沿海经济区、东部沿海经济区、北部沿海经济区的确出现了老龄化下降趋势，与这一时期外来劳动力大量涌入不无关系。从总趋势看，经济越发达地区人口老龄化一般越严重，如东部沿海和北部沿海老龄化历年来一直高于全国水平，2000 年分别为 9.12%和 9.15%，2020 年则达到 12.28%和 12.03%高位[2]。

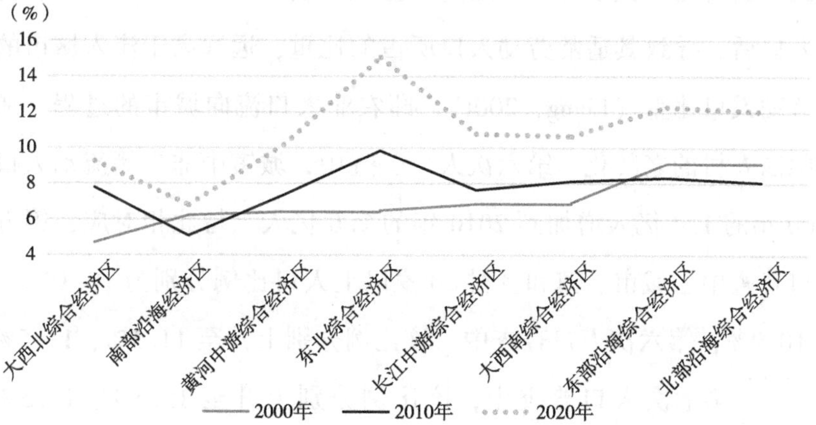

图 1-5　八大经济区老龄化（65 岁及以上）程度

资料来源：相关年份《中国人口和就业统计年鉴》中的全国人口变动情况抽样调查数据。

但存在两个特殊现象：①东北综合经济区 2000 年老龄化程度处于全国均值水平，但 2010 年和 2020 年分别为 9.85%和 15.05%，一直处于全国老龄化最高位；②南部沿海经济区老龄化 20 年来一直处于全国

---

① 八大经济区域：即东北综合经济区（辽宁、吉林、黑龙江）、北部沿海综合经济区（北京、天津、河北、山东）、东部沿海综合经济区（上海、江苏、浙江）、南部沿海经济区（福建、广东、海南）、黄河中游综合经济区（陕西、山西、河南、内蒙古）、长江中游综合经济区（湖北、湖南、江西、安徽）、大西南综合经济区（云南、贵州、四川、重庆、广西）、大西北综合经济区（甘肃、青海、宁夏、西藏、新疆）。

② 本部分不同综合经济区的老龄化结果，采用该经济区 65 岁及以上人口总数/该经济区人口总数计算得来，而非该经济区内不同省份人口老龄化的平均数。

低位，2020 年 65 岁及以上人口比重仅为 6.78%，进一步佐证了南部沿海经济区依然是中国经济最活跃、对劳动力吸引力最大的地区。从图中也可看出，2020 年与 2010 年各个经济区老龄化趋势同步变化明显，即我国不同综合经济区近十年的老龄化演变趋势未发生明显改变，可能与劳动力以区域内流动为主有直接关系。

从城乡差距角度分析，农村剩余劳动力向城镇的大规模流动，使得我国老龄化在城镇与乡村之间的差距持续增大。向城镇转移农村流动人口后，导致其适龄劳动人口所占的比重，远远高于流入城市的适龄劳动人口比重（Liang，2001）。即农业人口流向城市的过程，加剧了中国农村的老龄化。第六次人口普查中，城镇中非户籍流动人口从 2000 年的 1.4 亿人增加到 2010 年的 2.6 亿人。与此相对应，第五次人口普查中，城市、镇和乡村 60 岁以上人口比例分别为 10.1%、9% 和 10.9%；第六次人口普查中，该比例分别上升至 11.5%、11.5% 和 14.3%；第七次人口普查中，该比例分别上升至 15.5%、15.5% 和 22.4%；乡村比镇、城市 60 岁以上老年人口比例分别多提高了 5~6 个百分点[①]。

老龄化和老年抚养比加重趋势对社会保险体系产生的压力在短期内将迅速增大，很多新兴国家出现了类似中国“未富先老”的局面。当前阶段，无论是欧美国家或者新兴市场国家，婴儿潮一代正逐步进入退休年龄，对养老、医疗等社会公共福利的需求迅速上升。为应对人口形势对社会保险造成的压力，许多国家陆续出台了一系列政策，如鼓励人口生育、提高退休年龄、完善养老和医疗保险筹资体系，甚至提出医养结合的养老支持政策等。但人口形势转变是一个相对漫长

① 作者根据三次人口普查数据计算。

的过程，业已形成的“少生优生”社会生育态度短期内很难改变，即使生育率有望提高，人口趋势发生根本逆转仍需要几十年甚至上百年时间。

本章附录

附录 1-1

国家（地区）名称（Name）	国家（地区）收入分类（World Bank Group Income Classification）	人口结构类型（Demographic Type）	2015—2030 年适龄劳动力比重变化（Percent Change in Working-age Population Share，2015-2030）	1985—1990 年总和生育率（Total Fertility Rate，1985-1990）	2015—2020 年总和生育率（Total Fertility Rate，2015-2020）
Afghanistan	LIC	Pre-dividend	17.53	7.47	4.25
Albania	UMC	Late-dividend	-10.69	3.15	1.78
Algeria	UMC	Early-dividend	0.99	5.30	2.62
Angola	UMC	Pre-dividend	6.56	7.25	5.79
Antigua and Barbuda	HIC	Post-dividend	-2.78	2.07	2.03
Argentina	HIC	Early-dividend	1.13	3.05	2.27
Armenia	LMC	Late-dividend	-8.09	2.58	1.51
Aruba	HIC	Late-dividend	-8.13	2.30	1.62
Australia	HIC	Post-dividend	-6.42	1.86	1.86
Austria	HIC	Post-dividend	-9.17	1.45	1.53
Azerbaijan	UMC	Late-dividend	-7.88	2.95	2.22
Bahamas	HIC	Late-dividend	-6.78	2.65	1.83
Bahrain	HIC	Early-dividend	1.45	4.08	1.98
Bangladesh	LMC	Early-dividend	6.15	4.98	2.08
Barbados	HIC	Post-dividend	-8.53	1.77	1.80
Belarus	UMC	Post-dividend	-8.41	2.00	1.64

续表

国家（地区）名称（Name）	国家（地区）收入分类（World Bank Group Income Classification）	人口结构类型（Demographic Type）	2015—2030 年适龄劳动力比重变化（Percent Change in Working-age Population Share, 2015-2030）	1985—1990 年总和生育率（Total Fertility Rate, 1985-1990）	2015—2020 年总和生育率（Total Fertility Rate, 2015-2020）
Belgium	HIC	Post-dividend	-6.77	1.56	1.83
Belize	UMC	Early-dividend	4.65	4.70	2.46
Benin	LIC	Pre-dividend	7.60	6.88	4.50
Bhutan	LMC	Early-dividend	4.47	6.11	1.93
Bolivia	LMC	Early-dividend	4.99	5.09	2.83
Bosnia and Herzegovina	UMC	Post-dividend	-9.86	1.91	1.23
Botswana	UMC	Early-dividend	4.39	5.11	2.67
Brazil	UMC	Late-dividend	-1.41	3.10	1.74
Brunei Darussalam	HIC	Late-dividend	-3.21	3.72	1.82
Bulgaria	UMC	Post-dividend	-4.91	1.95	1.60
Burkina Faso	LIC	Pre-dividend	8.18	7.07	5.23
Burundi	LIC	Pre-dividend	3.67	7.59	5.66
Cabo Verde	LMC	Early-dividend	4.30	5.63	2.19
Cambodia	LIC	Early-dividend	2.39	5.99	2.53
Cameroon	LMC	Pre-dividend	8.25	6.60	4.46
Canada	HIC	Post-dividend	-10.27	1.62	1.56
Central African Republic	LIC	Pre-dividend	7.15	5.90	4.02
Chad	LIC	Pre-dividend	7.99	7.21	5.79
Chile	HIC	Late-dividend	-4.98	2.60	1.73
China	UMC	Late-dividend	-7.12	2.75	1.59
Colombia	UMC	Late-dividend	-0.93	3.18	1.83
Comoros	LIC	Pre-dividend	6.34	6.70	4.23

续表

国家（地区）名称（Name）	国家（地区）收入分类（World Bank Group Income Classification）	人口结构类型（Demographic Type）	2015—2030 年适龄劳动力比重变化（Percent Change in Working-age Population Share, 2015-2030）	1985—1990 年总和生育率（Total Fertility Rate, 1985-1990）	2015—2020 年总和生育率（Total Fertility Rate, 2015-2020）
Congo, Dem. Rep.	LIC	Pre-dividend	7.15	6.98	5.66
Congo, Rep.	LMC	Pre-dividend	6.23	5.55	4.64
Costa Rica	UMC	Late-dividend	-2.89	3.31	1.76
Cote d' Ivoire	LMC	Pre-dividend	4.49	6.85	4.77
Croatia	HIC	Post-dividend	-6.58	1.72	1.48
Cuba	UMC	Post-dividend	-9.04	1.85	1.58
Cyprus	HIC	Late-dividend	-5.01	2.43	1.42
Czech Republic	HIC	Post-dividend	-5.85	1.90	1.54
Denmark	HIC	Post-dividend	-5.12	1.54	1.76
Djibouti	LMC	Early-dividend	4.93	6.18	2.99
Dominican Republic	UMC	Early-dividend	2.71	3.65	2.38
Ecuador	UMC	Early-dividend	1.28	4.00	2.44
Egypt, Arab Rep.	LMC	Early-dividend	3.29	5.15	3.16
El Salvador	LMC	Early-dividend	2.51	4.17	1.87
Equatorial Guinea	HIC	Pre-dividend	1.32	5.89	4.52
Eritrea	LIC	Pre-dividend	12.43	6.51	4.02
Estonia	HIC	Late-dividend	-5.97	2.20	1.66
Ethiopia	LIC	Early-dividend	12.05	7.37	3.99
Fiji	UMC	Late-dividend	-0.28	3.47	2.48
Finland	HIC	Post-dividend	-7.05	1.66	1.77
France	HIC	Post-dividend	-5.44	1.81	1.99
French Polynesia	HIC	Late-dividend	-5.51	3.64	1.99
Gabon	UMC	Early-dividend	7.18	5.58	3.68
Gambia, The	LIC	Pre-dividend	6.25	6.14	5.53

续表

国家（地区）名称（Name）	国家（地区）收入分类（World Bank Group Income Classification）	人口结构类型（Demographic Type）	2015—2030 年适龄劳动力比重变化（Percent Change in Working-age Population Share，2015-2030）	1985—1990 年总和生育率（Total Fertility Rate，1985-1990）	2015—2020 年总和生育率（Total Fertility Rate，2015-2020）
Georgia	LMC	Late-dividend	-7.19	2.26	1.82
Germany	HIC	Post-dividend	-10.74	1.43	1.44
Ghana	LMC	Early-dividend	6.42	5.88	3.95
Greece	HIC	Post-dividend	-2.46	1.53	1.30
Grenada	UMC	Early-dividend	0.92	4.14	2.08
Guam	HIC	Late-dividend	-4.48	3.14	2.32
Guatemala	LMC	Early-dividend	8.10	5.50	3.03
Guinea	LIC	Pre-dividend	6.57	6.63	4.73
Guinea-Bissau	LIC	Pre-dividend	6.01	6.68	4.56
Guyana	LMC	Late-dividend	-3.02	3.77	2.47
Haiti	LIC	Early-dividend	6.11	5.70	2.85
Honduras	LMC	Early-dividend	7.02	5.37	2.25
Hong Kong SAR, China	HIC	Post-dividend	-17.53	1.36	1.30
Hungary	HIC	Post-dividend	-4.48	1.86	1.40
Iceland	HIC	Late-dividend	-6.25	2.12	1.90
India	LMC	Early-dividend	3.11	4.27	2.34
Indonesia	LMC	Early-dividend	1.40	3.40	2.36
Iran, Islamic Rep.	UMC	Early-dividend	1.48	5.62	1.62
Iraq	UMC	Pre-dividend	5.10	6.09	4.35
Ireland	HIC	Late-dividend	-1.78	2.18	2.00
Israel	HIC	Early-dividend	0.27	3.07	2.93
Italy	HIC	Post-dividend	-7.83	1.35	1.49
Jamaica	UMC	Late-dividend	-3.36	3.10	1.99

续表

国家（地区）名称（Name）	国家（地区）收入分类（World Bank Group Income Classification）	人口结构类型（Demographic Type）	2015—2030 年适龄劳动力比重变化（Percent Change in Working-age Population Share，2015-2030）	1985—1990 年总和生育率（Total Fertility Rate，1985-1990）	2015—2020 年总和生育率（Total Fertility Rate，2015-2020）
Japan	HIC	Post-dividend	-5.68	1.66	1.46
Jordan	UMC	Early-dividend	7.74	6.02	3.20
Kazakhstan	UMC	Late-dividend	-2.03	3.03	2.53
Kenya	LMC	Pre-dividend	8.34	6.54	4.10
Kiribati	LMC	Early-dividend	2.21	4.80	3.58
Korea，Dem. People's Rep.	LIC	Late-dividend	-1.47	2.36	1.94
Korea，Rep.	HIC	Post-dividend	-13.45	1.60	1.33
Kuwait	HIC	Late-dividend	-2.00	3.15	2.04
Kyrgyz Republic	LMC	Late-dividend	-0.74	4.02	2.93
Lao PDR	LMC	Early-dividend	6.81	6.27	2.77
Latvia	HIC	Late-dividend	-5.61	2.13	1.55
Lebanon	UMC	Late-dividend	-1.84	3.23	1.71
Lesotho	LMC	Early-dividend	4.97	5.14	3.01
Liberia	LIC	Pre-dividend	7.82	6.72	4.47
Libya	UMC	Early-dividend	7.10	5.71	2.32
Lithuania	HIC	Post-dividend	-7.62	2.06	1.63
Luxembourg	HIC	Post-dividend	-6.68	1.47	1.61
Macao SAR，China	HIC	Post-dividend	-16.77	1.94	1.34
Macedonia，FYR	UMC	Late-dividend	-6.94	2.27	1.55
Madagascar	LIC	Pre-dividend	4.74	6.30	4.21
Malawi	LIC	Pre-dividend	9.24	7.30	4.88
Malaysia	UMC	Late-dividend	-1.75	3.59	1.90
Maldives	UMC	Early-dividend	3.66	6.66	1.98

续表

国家（地区）名称（Name）	国家（地区）收入分类（World Bank Group Income Classification）	人口结构类型（Demographic Type）	2015—2030年适龄劳动力比重变化（Percent Change in Working-age Population Share, 2015-2030）	1985—1990年总和生育率（Total Fertility Rate, 1985-1990）	2015—2020年总和生育率（Total Fertility Rate, 2015-2020）
Mali	LIC	Pre-dividend	8. 38	7. 15	5. 92
Malta	HIC	Post-dividend	-7. 59	2. 01	1. 49
Mauritania	LMC	Pre-dividend	5. 82	6. 09	4. 39
Mauritius	UMC	Late-dividend	-5. 64	2. 31	1. 44
Mexico	UMC	Early-dividend	2. 42	3. 75	2. 14
Micronesia, Fed. Sts.	LMC	Early-dividend	1. 22	5. 20	3. 08
Moldova	LMC	Late-dividend	-7. 08	2. 64	1. 23
Mongolia	UMC	Late-dividend	-1. 48	4. 84	2. 54
Montenegro	UMC	Late-dividend	-4. 46	2. 11	1. 65
Morocco	LMC	Late-dividend	-0. 95	4. 45	2. 38
Mozambique	LIC	Pre-dividend	7. 28	6. 33	5. 12
Myanmar	LMC	Early-dividend	3. 22	3. 80	2. 13
Namibia	UMC	Early-dividend	4. 45	5. 55	3. 31
Nepal	LIC	Early-dividend	10. 01	5. 33	2. 09
Netherlands	HIC	Post-dividend	-8. 89	1. 55	1. 77
New Caledonia	HIC	Late-dividend	-2. 95	3. 03	2. 04
New Zealand	HIC	Post-dividend	-6. 56	2. 03	1. 99
Nicaragua	LMC	Early-dividend	4. 70	5. 00	2. 16
Niger	LIC	Pre-dividend	1. 75	7. 69	7. 46
Nigeria	LMC	Pre-dividend	6. 15	6. 60	5. 41
Norway	HIC	Post-dividend	-5. 43	1. 80	1. 81
Oman	HIC	Late-dividend	-4. 18	7. 85	2. 51
Pakistan	LMC	Early-dividend	5. 51	6. 30	3. 38
Panama	UMC	Early-dividend	0. 27	3. 24	2. 36

续表

国家（地区）名称（Name）	国家（地区）收入分类（World Bank Group Income Classification）	人口结构类型（Demographic Type）	2015—2030 年适龄劳动力比重变化（Percent Change in Working-age Population Share，2015-2030）	1985—1990 年总和生育率（Total Fertility Rate，1985-1990）	2015—2020 年总和生育率（Total Fertility Rate，2015-2020）
Papua New Guinea	LMC	Early-dividend	6. 18	4. 97	3. 58
Paraguay	UMC	Early-dividend	2. 65	4. 77	2. 45
Peru	UMC	Early-dividend	1. 69	4. 10	2. 35
Philippines	LMC	Early-dividend	2. 40	4. 53	2. 87
Poland	HIC	Late-dividend	−8. 38	2. 16	1. 33
Portugal	HIC	Post-dividend	−5. 92	1. 62	1. 24
Puerto Rico	HIC	Late-dividend	−3. 09	2. 26	1. 59
Qatar	HIC	Late-dividend	−2. 27	4. 41	1. 95
Romania	UMC	Late-dividend	−3. 79	2. 22	1. 53
Russian Federation	HIC	Late-dividend	−8. 60	2. 12	1. 72
Rwanda	LIC	Early-dividend	11. 47	7. 99	3. 62
Samoa	LMC	Early-dividend	3. 99	5. 35	3. 90
Saudi Arabia	HIC	Early-dividend	3. 09	6. 22	2. 59
Senegal	LMC	Pre-dividend	7. 23	6. 88	4. 83
Serbia	UMC	Late-dividend	−4. 38	2. 23	1. 59
Seychelles	HIC	Late-dividend	−2. 97	2. 94	2. 21
Sierra Leone	LIC	Pre-dividend	10. 04	6. 66	4. 28
Singapore	HIC	Post-dividend	−12. 12	1. 70	1. 26
Slovak Republic	HIC	Late-dividend	−8. 71	2. 15	1. 44
Slovenia	HIC	Post-dividend	−10. 57	1. 65	1. 65
Solomon Islands	LMC	Early-dividend	9. 87	6. 13	3. 76
Somalia	LIC	Pre-dividend	4. 81	7. 26	6. 12
South Africa	UMC	Early-dividend	2. 73	4. 00	2. 28
South Sudan	LIC	Pre-dividend	6. 75	6. 83	4. 73

续表

国家（地区）名称（Name）	国家（地区）收入分类（World Bank Group Income Classification）	人口结构类型（Demographic Type）	2015—2030年适龄劳动力比重变化（Percent Change in Working-age Population Share, 2015-2030）	1985—1990年总和生育率（Total Fertility Rate, 1985-1990）	2015—2020年总和生育率（Total Fertility Rate, 2015-2020）
Spain	HIC	Post-dividend	-6.41	1.46	1.38
Sri Lanka	LMC	Late-dividend	-1.84	2.64	2.03
St. Lucia	UMC	Late-dividend	-0.91	3.65	1.82
St. Vincent and the Grenadines	UMC	Late-dividend	-1.32	3.10	1.90
Sudan	LMC	Pre-dividend	7.27	6.30	4.13
Suriname	UMC	Early-dividend	0.37	3.42	2.28
Swaziland	LMC	Early-dividend	5.15	6.13	3.06
Sweden	HIC	Post-dividend	-4.42	1.91	1.93
Switzerland	HIC	Post-dividend	-8.81	1.55	1.57
Syrian Arab Republic	LMC	Early-dividend	11.32	5.87	2.77
Tajikistan	LMC	Early-dividend	0.33	5.41	3.32
Tanzania	LIC	Pre-dividend	6.70	6.36	4.92
Thailand	UMC	Late-dividend	-7.29	2.30	1.46
Timor-Leste	LMC	Pre-dividend	7.27	5.21	5.33
Togo	LIC	Pre-dividend	7.63	6.62	4.35
Tonga	UMC	Early-dividend	7.86	4.74	3.58
Trinidad and Tobago	HIC	Late-dividend	-2.76	2.75	1.73
Tunisia	UMC	Late-dividend	-3.50	4.00	2.07
Turkey	UMC	Early-dividend	0.90	3.35	2.01
Turkmenistan	UMC	Early-dividend	1.49	4.55	2.22
Uganda	LIC	Pre-dividend	10.18	7.10	5.46
Ukraine	LMC	Post-dividend	-7.37	1.90	1.56
United Arab Emirates	HIC	Late-dividend	-4.19	4.83	1.73

续表

国家（地区）名称（Name）	国家（地区）收入分类（World Bank Group Income Classification）	人口结构类型（Demographic Type）	2015—2030 年适龄劳动力比重变化（Percent Change in Working-age Population Share, 2015-2030）	1985—1990 年总和生育率（Total Fertility Rate, 1985-1990）	2015—2020 年总和生育率（Total Fertility Rate, 2015-2020）
United Kingdom	HIC	Post-dividend	-5. 18	1. 84	1. 91
United States	HIC	Post-dividend	-7. 77	1. 91	1. 90
Uruguay	HIC	Late-dividend	-0. 61	2. 53	1. 98
Uzbekistan	LMC	Early-dividend	1. 46	4. 40	2. 33
Vanuatu	LMC	Early-dividend	4. 95	5. 04	3. 22
Venezuela，RB	HIC	Early-dividend	0. 78	3. 65	2. 28
Vietnam	LMC	Late-dividend	-3. 84	3. 85	1. 95
Virgin Islands（U. S. ）	HIC	Late-dividend	-10. 79	3. 02	2. 18
West Bank and Gaza	LMC	Early-dividend	6. 24	6. 76	3. 95
Yemen，Rep.	LMC	Early-dividend	10. 13	8. 80	3. 79
Zambia	LMC	Pre-dividend	7. 43	6. 68	5. 14
Zimbabwe	LIC	Early-dividend	10. 51	5. 66	3. 65

注：This table uses the World Bank Group income classification of July 2015. LIC 表示“低收入国家（地区）”，LMC 表示“中低收入国家（地区）”，UMC 表示“中高收入国家（地区）”，HIC 表示“高收入国家（地区）”。

资料来源：UN World Population Prospects（2015）and World Bank 2015.

2 社会保险制度与劳动力市场的关系

2.1 制度红利替代人口红利的必然性

当前，中国经济正处于向S类型增长的过渡期，但其持续时间的长短尚难以准确预知。经济增长来自人口红利的贡献率持续大幅下降，其传统的影响机制也可能发生改变，人口红利的减弱需要制度红利予以替代和弥补。但我国诸多的社会政策正处于转型期或改革深化期，尚未建立起与经济相配套的完善，社会政策。

以我国的社会保险（尤其是养老保险和医疗保险）制度为例，其体系不够成熟、结构不够清晰、政策改革框架缺乏顶层设计、实施推进过程缓慢，制度层面的改革进程严重滞后于城镇化和地区人口老龄化趋势。不同地区、不同行业，甚至不同人群的社保缴费和社保待遇存在较大差距；社会保险缴费主体中，国家社保补贴不断增加，企业社保缴费负担依然较大，而个人社保缴费和待遇公平性不足导致国家、企业和个人皆承受巨大压力；同时，较低的社保基金管理水平，以及不完善的法律监控体系，造成社保基金流失严重、使用效率不高。

从以上分析中可以看出，人口结构转变过程对中国经济现有和潜在的影响十分深远。不利的人口结构转型，对中国老龄化趋势产生何种影响？人口老龄化加剧与社会保险体系不完善，对中国企业的劳动成本与用工决策将产生何种影响？过重的企业社保缴费负担，对中国企业的劳动力总需求又产生何种影响？对以上问题，宏观层面的研究较多，而微观层面的分析却较少，可能的原因是缺乏企业层面的微观数据、研究视角存在滞后等。此外，关于老龄化、社会保险制度影响经济增长的机制和渠道有待继续深入挖掘，这既是理论探索的需要，也是经济发展的需求。

当前国内外社会保障问题的研究一直沿着两种主要方法与路径：①聚焦于福利体系的规范性理论研究；②关注于私人保险市场影响因素及运行机制的实证性经验研究。这两种方法都存在各自的缺陷，将理论与数据结合是分析社会保障问题的新趋势（Chetty & Finkelstein）。相比之下，国内尚未全面开展对社会保险问题的系统性实证分析。可能的原因是，中国社会保险体系起步晚，改革进程较为缓慢，相关研究处于制度设计、框架搭建和政策试点层面，尚未深入到制度实施效果评估阶段。

2.2 社会保险制度对劳动力供给的影响

社会保险制度的优劣对经济社会的整体影响较大。一个经济体的税收结构和劳动力市场制度通常密切相关（Summers et al.，1993）。社会保险既是政府干预市场经济的手段，也是收入再分配的重要政策工具，更是劳动力市场就业者最后的安全网。在社会保险体系建立过程中，各国根据本身的情况设置了不同组合的社会保险项目，但基本上大同小异。关于社会保险对劳动力供给和需求影响的现有研究，侧重于对社会保险各保险项目层面的考察。

2.2.1 基于国际背景的考察

劳动力供给的概念范畴较广，包括劳动力流动（包括横向流动和纵向流动）、就业参与和退休倾向的选择等①。国外对社会保险与劳动供给关系的考察，重点在于分析个人养老保险金收入如何影响个人劳动供给。相关研究产生了两大分支：即分别对发达经济体和发展中国家进行分析。基于发达经济体的分析，重点关注医疗保险金与劳动供给的关系；基于发展中国家的分析，重点放在养老保险金与劳动供给关系的分析上，而且更多地以南非、巴西和越南等少数发展中国家为分析对象。

劳动力市场受到社会保险制度的影响更为直接：如 Ranchhod（2006）考察了南非养老金对年长劳动者劳动供给的影响；Blau & Gilleskie（2006）分析了政府提供的公共医疗保险、雇主提供的单位医疗保险对小于 65 岁已婚年长劳动者工作行为的影响②；Autor et al.（2015）评估了由美国退伍军人事务部（DVA：Department of Veterans Affairs）提供的残疾赔偿金（DC：Disability Compensation），对退伍军人劳动参与率和工资收入的影响；Michelacci & Ruffo（2015）通过加入失业风险和工作搜寻变量的生命周期模型，区分了失业保险对不同年龄段（年青和年长）失业者不同程度的影响；Gruber（1994）讨论用人单位提供的法定生育保险如何降低了育龄妇女的工资水平。更多的相关研究集中体现了社会保险体系通过不同微观侧面对劳动力市场产生

① 劳动力的横向流动指劳动者更换雇主或转换工作地域；劳动力的纵向流动指劳动者工作性质的变化。在西方社会主要体现为其对兼职或全职工作的选择，在中国主要体现为其对正式工作和非正式工作的选择。参见：秦雪征，刘国恩．医疗保险对劳动力市场影响研究评述［J］．经济学动态，2011（12）．

② 由于美国政府提供的公共医疗保险，公民只有到达 65 岁才能享受，很多雇员为了抵御意外医疗风险，获得雇主为其提供的医疗保险，不愿提前退休。

影响。

2.2.2 基于中国背景的考察

国内相关研究也集中于个人层面的分析，即养老保险金收入对个人劳动供给的影响。实证分析中，使用频率较高的数据首推 CHARLS 调查①：如程杰（2014）采用CHARLS数据，以中国“退而不休”的劳动者群体为分析对象，考察养老保险金的劳动供给效应②。张川川等（2014）亦采用CHARLS调查数据，通过断点回归（RD）和双重差分（DID）两种实证策略克服内生性问题，评估农村居民基本养老保险政策的实施效果。也有基于其他数据的考察，如程杰（2014）以成都市农村住户抽样调查数据为基础，分析差异化的养老保险制度对农村居民劳动供给的影响。李琴等（2014）采用CHNS四年追踪数据考察健康对中国中老年人个人劳动供给（劳动参与和劳动时间）的影响。

纵观国内外相关研究，极少有学者考察个人社保缴纳对其劳动供给的影响。阳义南和连玉君（2015）对此作出了尝试，采用中国综合社会调查数据（简称 CGSS），通过双重差分模型估计社会保险对员工辞职率的影响。

2.3 社会保险制度对劳动力需求的影响

企业作为与宏观劳动力市场直接联系的微观单位，对劳动力的需求本身是一种派生需求，企业或厂商雇佣劳动者具有间接经济目的性，希

① 中国健康与养老追踪调查数据（China Health and Retirement Longitudinal Study，简称CHARLS）。

② “退而不休”的劳动者主要包括：未享受养老金的非劳动年龄劳动者、享受养老金的劳动年龄劳动者以及享受养老金的非劳动年龄劳动者。参见：程杰．“退而不休”的劳动者：转型中国的一个典型现象［J］．劳动经济研究，2014（5）．

望雇员能为其生产或销售产品与服务，以期实现利润最大化。按照市场经济的基本准则，劳动者报酬等价于其劳动付出或效率产出。但现实市场中，企业购买劳动，除了要提供雇员工资、工作福利以及工作条件、安全保护等，还受到政府政策（如社保缴费等劳动用工成本）的影响。鉴于国内外关于社会保险与劳动力供给关系的高水平研究已有不少，企业劳动力需求存在现实重要性，本书接下来将重点讨论有关社会保险与劳动力需求关系的文献，探寻企业社保缴费对劳动力需求的影响机制。

2.3.1 基于国际背景的考察

国外已积累了一定数量的相关文献。文献多集中于欧美发达国家的企业社会保险缴费对企业员工工资总额或雇佣总人数的挤出效应（或替代效应）①。企业通常以减少员工工资总额的形式向雇员转嫁社保缴费的成本，对此似乎已得到较为一致的研究结论。当然，也有部分学者不认同这种观点，进而引发更深入的分析与思考。

更多的相关研究认为，企业社保缴费上升意味着员工工资下降，最早可追溯到 Gordon & Blinder（1980）、Smith & Ehrenberg（1981）、Woodbury（1983）、Summers（1989）等。其中，Gordon & Blinder（1980）较早地发现，员工工资和养老保险收入可能正相关。Smith & Ehrenberg（1981）的研究进一步证实，提供较高工资水平企业的员工也获得较高的养老金，提供较低工资水平企业的员工却获得较少的养老金。在此后的研究中，Woodbury（1983）和 Summers（1989）分别采用定量的经验主义和定性的规范主义两种方法，证实企业社保缴费或提供的雇员福利对员工工资总额存在显著的挤出效应，而且 Summers（1989）最早通过

① 也称“工资-福利折中问题”（wage-benefit trade off）。

标准理论阐述了雇主的社会保险缴费行为。可见，对二者的关系，在研究初期就出现了一定程度上的分歧。

较高的社保缴费限制了企业的市场竞争力，而较低的工资水平又难以吸引到所需的员工，企业必须在社保缴费与员工工资之间进行权衡。当企业无法降低员工工资时，较高的社保缴费可能对企业劳动力需求结构产生影响，如增加非全日制用工、返聘退休人员，或直接减少员工数量，间接延长工作时间等。基于上述考虑，并不是所有的企业社保缴费对员工工资都存在明显的挤出效应（或替代效应）。

此后的相关研究表明，企业社保税对员工工资存在挤出效应仍是主流观点。如 Gruber & Krueger（1991）考察了劳动力成本较大的几个行业，发现企业为员工提供的补偿保险总体上会导致员工工资总额和需求总量的减少，85%的成本将通过低工资形式向员工转嫁。Gruber（1994）考察了“生育保障”对员工工资和雇佣数量的影响，发现企业为员工提供法定生育保险的成本将100%地转嫁给受雇的生育年龄女性员工，但对雇佣人数无显著影响。Anderson & Meyer（2000）分析了华盛顿的企业缴纳的失业保险税对雇员个人工资水平产生的影响，发现失业风险高的企业为雇员缴纳的失业保险税也较高，但仍会通过降低工资的形式向员工转嫁。Baiker & Chandra（2006）以美国医疗事故带来的医疗支付危机为背景，考察了由雇主提供的普遍上涨的医疗保险费对雇员工资的影响，发现医疗保险费每提高1%，将会使被该保险覆盖的雇员工资下降2.3%。

除了以美国为背景的研究，学者们还有基于其他国家的分析。Holmlund（1983）根据瑞典1950—1979年的相关数据，Ooghe et al.（2003）采用1978年、1981年、1984年和1988年欧洲水平的面板数据，二者的研究结论近乎一致——雇主将大约50%的工资税以低工资形式向雇员进行了转嫁；Gunderson，Hyatt & Pesando（1992）利用1984年加拿大的数据，也证实了雇主向雇员转嫁社保缴费成本的行为；Gruber（1997）利用智利制造业的普查数据研究发现，由于20世纪80年代初智利社会保险制度的私有化，工资税的降低带来了雇员的高工资。

目前仅有少量文献以亚洲国家为背景进行分析。Tachibanaki & Yokoyama（2001）利用日本企业1970—1997年产业层面的时间序列数据，发现日本的企业并不存在将社保缴费成本向雇员转嫁的证据。然而在近十年的研究中，Komamura & Yamada（2004）利用1995—2001年参与社会医疗保险的1 670家企业的面板数据，发现日本企业的雇主同样存在通过降低员工工资的形式将社保缴费成本向雇员转嫁的行为。Lai & Masters（2005）采用1978—1996年我国台湾地区人力资源利用调查数据（Taiwan's Manpower Utilization Survey），检验了我国台湾地区劳动标准相关规定中的企业必须为雇员缴纳生育保险的政策对员工工资的影响，结果发现处于生育年龄女性的工资普遍低于年长女性和男性员工。

本书通过文献梳理发现，基于美国、欧洲、亚洲等为背景的相关研究似乎一致地认为，企业雇主存在将社保缴费成本（或工资税）通过低工资的形式向雇员转嫁的倾向或行为。但企业社保缴费与员工工资的关系可能因受到税收制度的影响而变得十分复杂。部分研究注意到税收结构、福利免税政策与企业社保缴费、员工工资的关系，如Alm et al.（1990）认为员工工资与非工资福利间存在此消彼长的关系，雇员和雇主都接受低工资和高福利的薪酬结构调整，好处在于个人可少缴纳工资税，企业也可以少缴纳社保税。Gruber & Poterba（1994）以1986年税收改革法案提出对自我雇佣者参加健康保险进行补贴为背景作研究，发现健康保险个人税率每提高1%，将使得自我雇佣者健康保险覆盖率下降1.8%。Gruber & McKnight（2003）考察了美国雇主提供的私人医疗保险雇员覆盖率下降的原因，发现并非雇主们不提供私人医疗保险，而是雇主提供的私人医疗保险的慷慨程度在下降，从而导致雇员医疗保险的参保率下降，但对员工工资水平并未表现出显著的影响。

通过降低企业社保缴费提高劳动力需求，间接减少工人损失，这是稳定和提高就业的重要政策工具。已有文献往往关注企业社保缴费的两个侧面：①对企业负担的影响。企业可通过提高养老保险等福利享受税收优惠，减轻企业税务负担（Gruber & McKnight, 2003; Royalty, 2000）。②对劳动力需求和工资的影响。较高的社保缴费提高企业工资性支出，会使企业增加非正式工比例（Corsetti, 1994）；Gruber（1994）讨论了企业法定生育保险如何降低育龄妇女工资水平；Autor et al.（2015）评估了美国残疾赔偿金对退伍军人劳动参与率和工资收入的影响；Michelacci & Ruffo（2015）区分出失业保险对不同年龄段失业者不同程度的影响。文献梳理发现，评估企业社保降费政策效果的微观研究不多。近几年，Hyejin Ku et al.（2020）利用挪威独特的政策设置，评估了工资税在刺激当地就业方面的有效性。

2.3.2 基于中国背景的考察

我国经济在新常态下，如何更好平衡经济增长速度和经济发展质量成为一道难题。作为与宏观经济相联系的微观单位，企业运行良好与否的一个重要衡量指标是劳动力需求状况。劳动力需求不仅关系民生就业，更关系社会财富积累和经济增长。根据基本经济理论推断，社会保险缴费必然提高企业用工成本。但各国相关法律规定具有较大差异。美国政府不强求企业为雇员提供医疗保险，仅通过税收优惠政策加以引导；德国政府要求所有雇主必须为其员工提供医疗保险（Holtz-Eakin et al.，1996）；中国政府要求雇主向雇员提供较高缴费率的“五险一金”，但对企业规避社保缴费的监管力度不足。

关于企业社保缴费对企业层面劳动力需求的影响，国外研究已进行了较为系统的分析。目前国内的相关研究较少，仅有的十几篇文献都是最近的研究，主要关注企业养老保险缴费对员工工资总额和雇佣总人数的影响，但其扩展了发展中国家关于社保制度与企业用工关系的文献资料。

Nielsen & Smyth（2008）通过原劳动和社会保障部获得了2002—2003年上海市企业层面的审计数据，采用固定效应面板模型，实证分析了企业法定社保缴费与员工名义工资之间的关系，发现企业通过低工资的形式将18.9%的法定社保缴费成本转嫁给员工。通过2SLS，在控制了企业规模、所有制和产业类型后发现，仅在2002—2003年一个考察期内，员工对企业社保缴费的贡献率从9.1%提升至33.8%，增加了24.7个百分点。

Li & Wu（2013）采用2004年和2006年我国140 000家大中型制造业企业数据，考察了企业养老保险和医疗保险缴费对员工工资、雇佣人数和企业效益的影响。实证结果表明：企业养老保险缴费与员工名义工资的关系较弱，但与实际工资之间却存在显著的关系；消费者物价指数较高的地区，企业在降低雇员实际工资上有较大的选择空间，从而向员工转移养老保险缴费负担；而物价指数较低地区，企业很难将养老保险负担向员工转移；在产业密集度偏高的地区，养老保险企业缴费率的提高对员工工资总额和雇佣总人数均产生的影响较小，但会影响到企业利润；在产业密集度偏低的地区，企业养老保险缴费率的提高将使员工工资总额和雇佣总人数增加，但会导致企业利润下降，原因可能在于地方政府为吸引投资对企业进行额外的补贴。

马双等（2014）利用了中国制造业企业报表数据库中1998—2007年的数据考察了企业养老保险缴费可能对员工产生的影响，发现其对员工工资和员工福利存在挤出效应，同时也降低了企业雇佣总人数。其中，地级市层面的养老保险企业平均缴费率每增加1%，将会引起企业员工工资支出显著降低0.34%，企业员工福利支出降低1.2%；如果考虑企业是否参加养老保险，通过Heckman两步法控制企业的选择行为，可进一步证实上述结果，即企业养老保险缴费率每提高1%，将引起企业员工工资支出显著降低0.6%，员工福利支出显著降低0.6%，雇佣总人数显著减少0.8%，同时，发现企业养老保险缴费对不同企业内部员工总人数的影响存在较大差异。

中国企业劳动用工受到政府运行规则的管制。现实表明，作为新兴市场的亚洲多数国家面临亟需发展经济的问题，其政府财政不具备负担高福利性社保责任的能力，故效仿欧美发达国家的应对老龄化之策，如推迟退休年龄、鼓励生育等，可能难以在短期内收效。降低企业法定社保缴费负担的政策在短期内实施的难度极大，或者政策实施的预期效果不明显。我国企业承担的法定社保缴费负担过重，这在中外理论与实务界已成共识。以养老保险企业法定缴费率为例，10%通常被认定为国际警戒线，达到20%就可能使整个社会保险体系难以为继；而我国企业法定养老保险缴费率为20%，有些地区实际缴费率更高，超出了企业承受能力（李连芬和刘德伟，2011）。

赵耀辉和徐建国（2001）通过对养老保险制度的观察，发现中国养老保险体系的制度设计未充分考虑激励机制，却予以过重的社会再分配功能，即弥补过去机关事业单位、国有企业等单位的历史养老缴费欠债（视同缴费），以及抵消一些企业拒缴、逃缴社保费所带来的养老金缺失。这造成的结果就是企业和员工个人承担了较重的制度成本。在人口老龄化和社保基金收支缺口增大情况下，我国企业社保缴费的实际负担难以真正降低。在利润最大化驱使下，一些企业想方设法降低用工成本，减少、规避纳税甚至逃税、漏税等。如 Nyland et al.（2006）基于上海市企业层面的数据分析了企业履行法定社保缴费的程度，发现雇主实际缴纳社保费少于法定社保费的企业比重持续上升，2001 年为 71%，2002 年为 81%，2003 年为 35%。基于以上情况，测算当前我国企业平均的社保缴费负担成为本书需要解决的问题之一。

企业社保缴费与劳动用工成本紧密相关。考虑社保缴费、福利费用的免税或减税法律规定，企业可以通过提高养老保险等福利办法减轻企业税务负担（Gruber & McKnight，2003；Royalty，2000），降低员工基本工资，增加福利、奖金和津贴收入，达到减少社保缴费的目的（马双等，2014）；较高的社保缴费也可能使企业减少正式用工，增加非正式工（临时用工和劳务派遣工）的比重，以减少企业工资性支出（Corsetti，1994）。在经济转型背景下，中国企业在多大程度上履行了法定社保缴费义务，是否存在向员工转嫁成本的倾向、行为或结果，即企业社保缴费对员工工资总额、员工个人月平均工资和不同类型员工月平均工资是否存在挤出效应（或替代效应），很值得探讨。基于以上考虑，社保缴费对企业员工工资的影响成为本书需要论证的另一个问题。

此外，在许多新企业（尤其是中小型私营企业）成立的方案设计和选址上，会将劳动力成本作为首要考虑因素之一①。而我国工资水平、企业社保缴费率、社保缴费履行率存在较大的区域差异，在劳动力密集、工资水平低、社保缴费率低的地区选址设厂，是许多企业（尤其劳动力密集型企业）规避高劳动力成本的重要途径。因此，不同地区不同行业新成立的企业数量可能与劳动力成本因素有关，这一问题在以往研究中经常被忽视。基于以上考虑，一个城市（本书指地级市）企业社保缴费对企业诞生数量的影响成为本书需要探讨的第三个问题。

对于不同类型的企业而言，劳动力成本的影响程度与作用机制肯定存在较大差别。资本或技术密集型企业劳动力成本占总生产成本的比重较小，社保缴费对该类型企业诞生和劳动力成本的影响不明显；劳动密集型企业劳动力成本占总生产成本的比重较大，社保缴费对企业诞生或劳动力成本可能产生较为明显的影响。此外，国家从计划经济向市场经济转轨过程中，形成了多种企业类型。不同类型企业在市场准入、政策扶持、金融约束、管理机制和法律遵从性等方面存在较大差异。社保缴费对不同类型企业的诞生和劳动力成本的影响差异较大。鉴于此，本书后续部分将按不同类型、行业深入分析社保缴费对劳动力需求产生的影响。

研究认为，对于企业社保缴费的劳动力需求效应可分成两个层级进行讨论：第一层级即来自市场的劳动力总需求，涉及企业（成立）数量；第二个层级是企业内部的劳动力需求，涉及用工形式（主要为员

---

① 很多国有大中型企业成立，更多基于政治、经济、社会乃至军事发展的战略布局出发，可能较少考虑劳动力成本因素。

工工资变化，或雇佣数量、雇佣形式的变化）。

本书梳理文献后发现，已有研究较少有企业社保缴费对企业成立数量影响的分析，更多关注的是企业社保缴费对企业内部用工的影响。在企业用工影响的研究中，主要基于企业层面数据考察，即分析社保缴费对企业员工工资总额或雇佣总人数的影响，没有考虑对不同层次、不同类型员工工资的影响差异性。可能的原因在于，以往研究很难同时取得员工层面和企业层面的匹配数据，使得许多相关研究难以深入，结论也有待进一步挖掘。

3 中国企业社保缴费负担分析

政府的财政承担能力和企业社保缴费能力是衡量一个国家（地区）的社会保险体系持续运营的关键性因素，往往牵涉政府和企业社保责任的划分问题，确立适当的社会保险水平和各方承担比例至关重要。诸如希腊主权债务危机与社会高福利（2009 年）、美国通用汽车公司申请破产与雇员养老金水平过高（2009 年）、英国公职人员大罢工与养老金制度改革（2011 年、2013 年），这些现象都体现了社会保险与国家、社会保险与企业，以及社会保险与个人之间存在紧密的关系。

人口结构变化对企业社保缴费负担并不必然产生影响。影响与否主要取决于企业所在的国家（地区）政府，在面临人口结构变化时，选择的社会保险体系类型，规定企业必须履行的社会保险责任，以及政府实施的社会保险政策等。欧美工业化国家较早进入了人口老龄化，但其人口结构转变的整体进程较为缓慢；这些国家的社保体系较为完善，政府在社保基金收支和管理中承担较多责任，因此欧美国家企业承担的社保缴费负担比较适度。

相比之下，中国社保制度建立的时间较晚、完善的步伐缓慢，计划生育政策又严重干扰了正常的人口转变规律，社保制度改革中不断出现较为严重的制度衔接问题，诸多因素相互叠加导致财政本不充裕的中国政府无力承担较重的社保责任[①]，中国企业被迫承担了部分政府功能，因而企业自身的社保负担较重。本部分从中国社保制度的视角分析企业承担偏重社保缴费的传导机制。

作为支撑经济的微观单元，企业通过支付员工工资、员工福利、社会保险缴费，以及利润所得税等方式，成为一国政府应对人口结构变化和老龄化的重要资源贡献者。但国家（地区）经常处于增加政府税收和增强企业活力的两难困境中。

3.1 社保制度与企业社保缴费负担

我国“养老保险的提供是基于经济和政治上的双重考虑”（岳经纶等，2009：178页）。在我国社会保险制度设计和体系构建过程中，曾遵循了先城市后农村、以城市为重点和农村为辅的路线，形成城乡分割严重的二元社会保险体制：不同人群的个人社保缴费和社保金待遇存在很多差别，不能真正体现参保人义务和权利对等的原则，无法有效激励个人的参保积极性；不能充分发挥政府对公民的社保责任，也极易导致政府陷入社保基金入不敷出的境地。此外，我国各地区经济社会发展极不均衡，社会保险统筹层次过低（很多地方实质上仍处于县级统筹层次），地区间社保基金的收支和管理存在较大差距。企业作为政府财政收入和社保基金主要贡献者，在社保基金收不抵支时，存在着实际社保负担不断加重的风险。

---

① 中国政府财政紧张的另一个重要原因是，相比西方发达国家财政收入主要用于民生问题，中国各级政府财政收入的相当比例要用于公共投资和基础设施建设。

3.1.1 各地区社会保险收支和结余不均衡

从图 3-1 可以看出，1991—2021 年，我国社保基金收入、支出和累计结余均呈现出快速增长趋势，分别从 1991 年的 225 亿元、176.1 亿元、169.7 亿元，增至 2021 年的 96 936.8 亿元、86 734.9 亿元、104 872.1 亿元，年均增长率分别为 22.41%、22.96%和 23.89%。

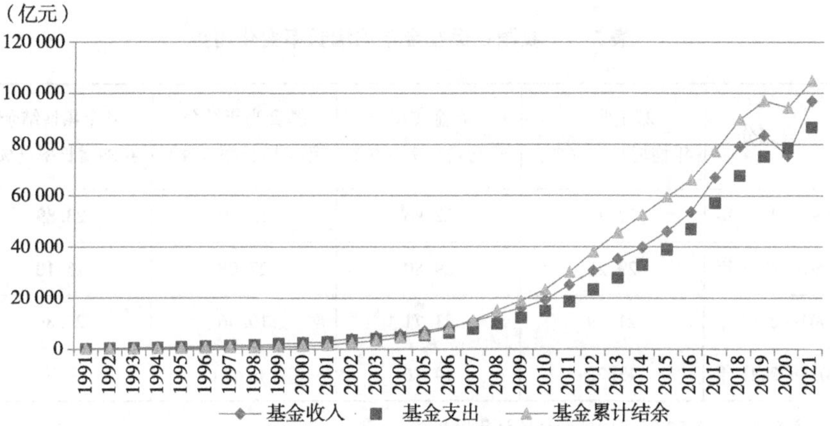

图 3-1 1991—2021 年我国社保基金变化

资料来源：2022 年《中国劳动统计年鉴》。

通过划分不同阶段，可以分析社保基金变化趋势的差异化特征。1991—2003 年我国社保基金收入、支出和累计结余规模变化不大，社保收入和支出相差无几，当年基金结余基本保持在 1 000 亿元以下；但社保基金收入、支出和累计结余年均增长率较高，分别为 29.23%、29.8%和 28.1%。2004—2014 年我国社保基金收入、支出和累计结余规模较大且保持了较高的增长率，分别为 21.29%、21.71%和 27.86%。

2015 年以后，我国开始通过降低企业社保缴费等方式减轻企业负担，进而刺激企业投资、提高劳动力需求，以进一步刺激经济增长。作为配套设施，通过划拨国有企业利润和国有资产等方式，减轻企业社保降费对劳动力市场的扭曲作用。通过宏观数据可以看到，2015—2021年我国社保基金收入、支出和累计结余年均增长率出现明显下降趋势，分别为13.22%、14.26%和9.9%。我国社保基金年均增长率变化趋势见表3-1。

表3-1　我国社保基金年均增长率变化趋势

阶段划分	基金收入年均增长率（%）	基金支出年均增长率（%）	基金当年结余年均增长率（%）	基金累计结余年均增长率（%）
1991—2021年	22.41	22.96	19.49	23.89
1991—2003年	29.23	29.80	27.08	28.10
2004—2014年	21.29	21.71	19.46	27.86
2015—2021年	13.22	14.26	6.42	9.90

资料来源：2022年《中国劳动统计年鉴》。

作为社会保险基金核心的养老保险基金也呈现类似变化[①]。1991—2021年，中国每年的城镇职工基本养老基金收入明显大于支出，仅在特殊年份出现当年收不抵支状况（如1998年国企下岗潮和2020年新冠疫情冲击）。截止到2021年，城镇职工[②]基本养老基金累计结余高达52 573.6亿元，如图3-2所示。

① 我国企业职工养老保险制度基本上是在国发（1991）33号文件下达以后开始实施的，从1992年1月开始，基本上所有的国有企业都已经开始缴纳职工养老保险。但由于当时的养老保险制度还属于探索阶段，按照文件的规定，允许不同地区之间、不同企业之间有一定的差异。

国发（1997）26号文件下发以后，根据各地探索实践的经验，建立了统一的企业职工基本养老保险制度；国发（2005）38号文件，即《国务院关于完善企业职工基本养老保险制度的决定》，将城镇职工基本养老保险的范围扩大到了城镇各类企业、个体工商户和灵活就业人员，首次提出要做实个人账户。

② 城镇职工包括机关、事业单位城镇职工，以及企业及其他城镇职工。

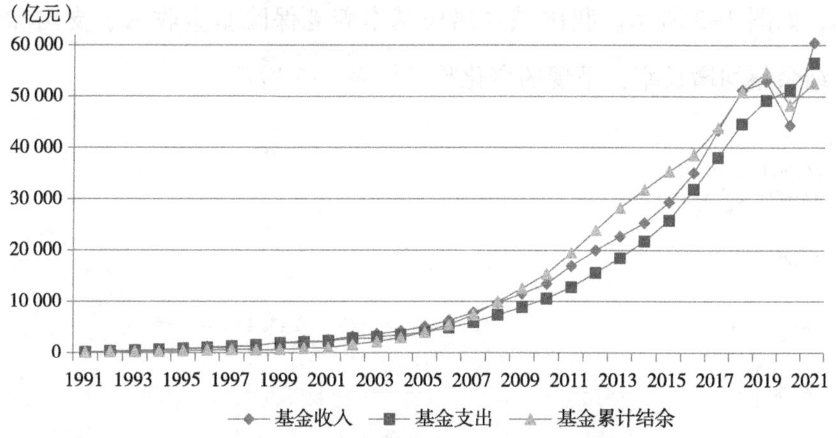

图 3-2 1991—2021 年城镇职工基本养老保险基金

资料来源：2022 年《中国劳动统计年鉴》。

从表 3-2 可以看出，类似于社保基金总体情况，在 1991—2003 年与 2004—2014 年两个阶段，我国城镇职工基本养老保险基金收入、支出和累计结余年均增长率较高。2015—2021 年城镇职工基本养老保险基金年均增长率也出现明显下降趋势。

表 3-2 城镇职工基本养老保险基金年均增长率变化趋势

阶段划分	基金收入年均增长率（%）	基金支出年均增长率（%）	基金当年结余年均增长率（%）	基金累计结余年均增长率（%）
1991—2021 年	20. 67	21. 28	16. 32	21. 73
1991—2003 年	26. 67	27. 26	9. 46	25. 53
2004—2014 年	19. 51	20. 04	16. 74	26. 73
2015—2021 年	12. 80	13. 94	2. 00	6. 84

资料来源：2022 年《中国劳动统计年鉴》。

2009 年开始的新型农村养老保险，2011 年开始的城镇居民养老保险，两项制度使得城乡居民基本养老保险基金累计结余从 2010 年的 422. 5 亿元上升至 2014 年的 3 844. 6 亿元，2021 年达 11 396. 4 亿元，如图 3-3 所示。我国城乡居民基本养老保险基金收入、支出和累计结余年均增长率，呈现的变化趋势如表 3-3 所示。

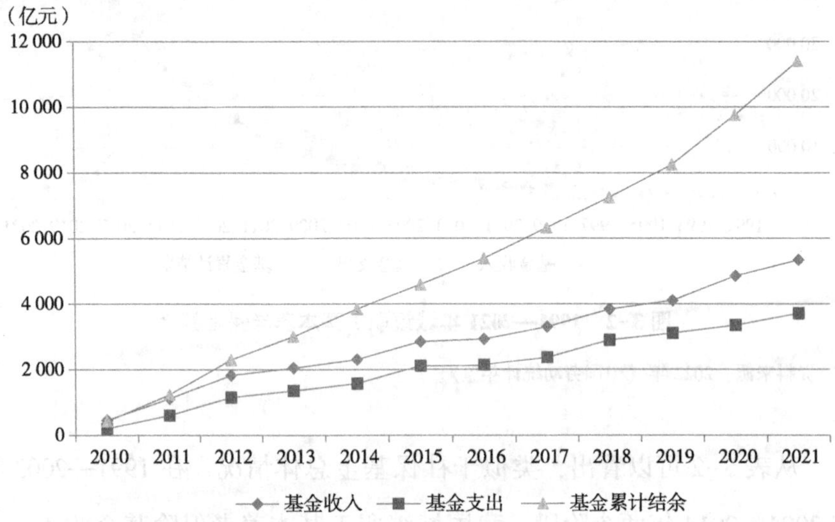

图 3-3　城乡居民基本养老保险基金

资料来源：2022 年《中国劳动统计年鉴》。

表 3-3　城乡居民基本养老保险基金年均增长率变化趋势

阶段划分	基金收入年均增长率（%）	基金支出年均增长率（%）	基金当年结余年均增长率（%）	基金累计结余年均增长率（%）
2010—2021 年	25.13	30.40	18.14	34.92
2010—2014 年	50.24	67.33	30.73	73.68
2015—2021 年	11.00	9.83	14.05	16.36

资料来源：2022 年《中国劳动统计年鉴》。

近年来，我国社保基金收入、支出和累计结余都不同程度地出现上升，这究竟是经济社会发展的必然规律，还是为适应人口老龄化作出政策调整的结果？对此问题，Chetty & Finkelstein（2013）的研究给出了较好的解释，即社保支出占 GDP 的比重伴随人均 GDP 增长而迅速扩大。同时，他的研究也涉及了中国，中国 1996 年社保支出占 GDP 的比重约为 3%，仅高于同期的肯尼亚、印度、马来西亚、印度尼西亚等国家（见图 3-4）。

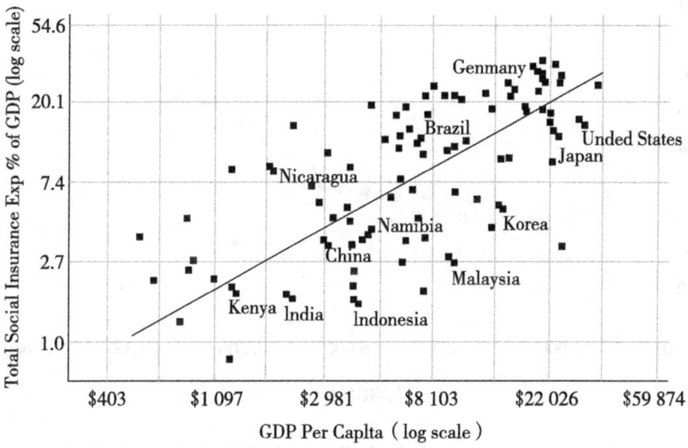

图 3-4　1996 年各国社保支出与 GDP 的关系

注：图中社会保险统计数据来自国际劳工组织（2000），社保支出指社会保险、伤残保险、失业保险、工伤保险，以及政府补贴的健康保险的总和；GDP 数据来自佩恩表，以 1996 年美国境内美元为基数，经过购买力平价调整。

资料来源：CHETTY R，A FINKELSTEIN. Social Insurance：Connecting Theory to Data. Handbook of Public Economics，2013（5）：111-193.

本书作者利用中国官方统计数据折算我国社保支出占 GDP 的比重，发现其也随着人均 GDP 增长而不断提高，从 1991 年的 0.8%上升到 1999 年的 2.3%，2008 年达 3.1%；近年来，这一比重呈现快速上升趋势，即从 2012 年的 4.3%上升到 2016 年的 6.3%，2021 年达 7.6%（见图 3-5）。不难看出，我国社保支出总量持续上升是经济社会发展的必然结果；我国社保支出占 GDP 比重长期处于低位，甚至远低于许多国家1996年的水平。根据计算，我国社保支出占GDP比重1996年仅为1.5%，2007年为2.92%，低于Chetty & Finkelstein（2013）基于中国背景的估算结果3%。

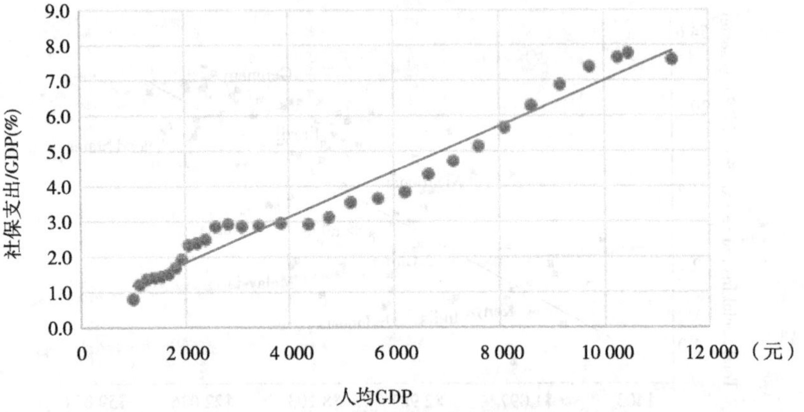

图3-5　1991—2021年中国社保支出与人均GDP关系

注：人均GDP按不变价格折算（1978年为100）。

资料来源：2022年《中国劳动统计年鉴》和2022年《中国统计年鉴》。

基于以上分析本书推断，我国社保的收入、支出和累计结余变化，很大程度上并非为适应人口老龄化作出政策调整的结果。我国社保基金统筹层次不高，区域间调剂功能较弱，这也是导致社保基金使用低效和资金亏空的重要原因。我国社保基金在收支与运营管理上都属于地方统筹，实际操作中多属地市级统筹，医疗保险基金在很多地方甚至为县级统筹。由于经济、社会、人口状况等的差异，不同地区社保基金的收入、支出、累计结余存在较大差异。

以城镇职工基本养老保险为例，社保基金累计结余地区差异呈扩大趋势。2013年，各省职工基本养老保险基金累计结余差异较大，累计结余最多的广东省（4 673.1亿元），是累计结余最少（西藏，32亿元）

的146倍。2021年，累计结余最多的广东省（14 110.1亿元），是累计结余最少（青海，26.4亿元）的534倍。中西部地区的基金可持续性存在较大风险，很多省份当年基金收不抵支现象较为严重，甚至出现恶化趋势。由于社保基金统筹层次低，各省之间甚至地市之间基金互济性差，影响社保基金功能的真正发挥（见图3-6）。

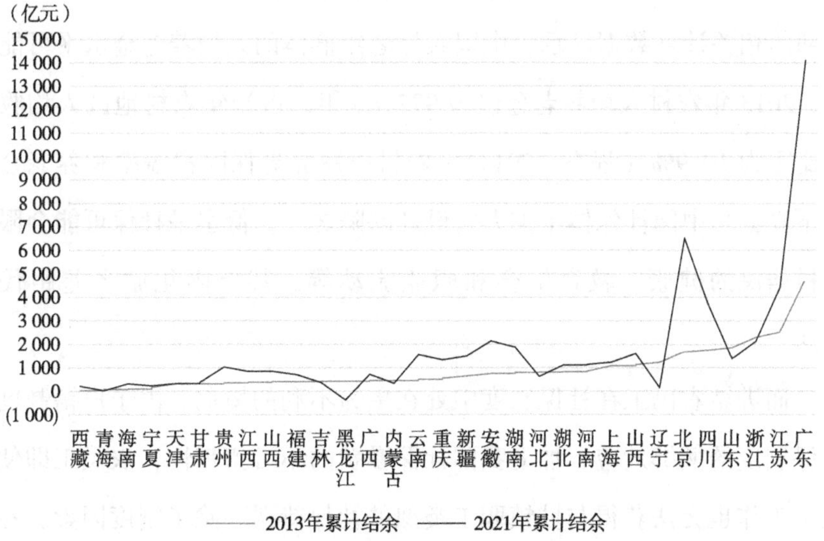

图3-6　2013—2021年我国各省城镇职工基本养老保险基金状况

资料来源：2014年和2022年《中国劳动统计年鉴》。

为维持社保基金的安全运行，存在以下路径选择：①稳定并持续扩大基金收入，需要加大企业社保缴费执行力度，维持较高的缴费率；②降低基金支出，将会降低个人社保待遇；③加大中央调剂力度，即扩大国有资产和国有企业利润的划拨，充实社保基金累计结余。

3.1.2　城乡社会保险差距较大

我国社会保险制度不完善，不仅存在严重的“碎片化”，更呈现出城乡分割的特征。中国农村居民的养老保险水平极低，甚至不能满足基本生活需要。农村老年人口长期以来依靠家庭养老模式，辅之以农村低保。2009 年我国开始在农村地区建立社会养老保险制度①。据 2011—2012 年 CHARLS② 追踪数据测算，我国 60 岁及以上农业老年人的养老金覆盖率不足 30%，而非农老年人则高达 80%，即便是享受养老金的农业老年人中，养老金年均水平低于 3 000 元/年。人力资源和社会保障部的相关计算数据显示，中国农村老年群体的人均养老金水平可能更低，2013 年农村人均养老金仅为 972 元/年，占当年农村地区人均收入的比重为 10. 9%（程杰，2014）。农村居民养老保险覆盖率和养老金水平不高，是中国社保体系重大的设计缺陷之一。低水平社保可能会限制农村居民的健康、教育机会和职业流动等，甚至固化城乡差距代际传递。

而进城农民工在社保制度中处在更为不利的境地。由于户籍制度和社保制度的捆绑效应，加上我国社保缴费的不可携带性，农民工即使在城市工作也无法获得与城镇职工类似的社保待遇。除了制度因素，在实际工作中，农民工主要在次级劳动力市场从事非正规就业（或非全日制就业），易受到来自用工单位不公平的社保待遇。相关数据显示：2010 年，我国流动人口中约 56. 2%未参加任何形式的社会保险，参加三项以上的只有 22. 5%，其中参加养老保险、医疗保险、工伤保险、失业保险和生育保险的比例分别为 27. 8%、35. 6%、31. 3%、12. 3% 和

① 国务院，《关于开展新型农村社会养老保险试点的指导意见》，国发〔2009〕32 号。2009 年启动新型农村社会养老保险试点，2011 年启动城镇居民社会养老保险试点，2012 年底实现两项制度的全覆盖，2014 年两项制度合并实施，建立统一的城乡居民基本养老保险制度。

② 中国健康与养老追踪调查数据（China Health and Retirement Longitudinal Study，CHARLS）。

8.0%[①]。农民工群体是带动我国劳动力市场发展和城市经济增长的一股关键力量，为农村居民和农民工提供更高水平社保，既是经济社会发展的必然结果，也能提高劳动力市场的完善程度。利用微观层面 CHIPS 和 CHFS[②] 数据分析，2000—2010 年非户籍人群的参保率呈现出快速提高的趋势（陈沁和宋铮，2013）。

3.1.3 城镇内部不同群体社保差距

在计划经济时期，劳动者主要分为农民、企业职工、机关事业单位人员三大类。农村老年人养老的主要资金来源是土地生产、自身储蓄以及子女赡养，企业职工主要依附于企业养老[③]，而机关事业单位人员完全由财政负担养老、医疗等保险。计划经济体制下，不同人群的社保体系存在明显差异，这出于强烈的经济和政治上的考虑，新中国成立初期需要调动职工积极性以发展工业，进而完成国家资本原始积累。

改革开放初期我国仍继续沿用原有的社保制度。1986 年开始，国有企业开始推行社会养老保险[④]。国有企业职工的社会保险责任下放到企业，其职工社保待遇好坏直接与企业经营效益挂钩。1986—2003

---

① 国家人口和计划生育委员会流动人口服务管理司．中国流动人口发展报告［M］．北京：中国人口出版社，2011.

② 国家统计局农调总队和中国社会科学院经济研究所："中国家庭收入项目调查"（Chinese Household Income Project Survey，CHIP）；西南财经大学：中国家庭金融调查数据（China Household Finance Survey，CHFS）。

③ 计划经济时期，我国企业将全部利润上缴国家，再由国家进行统筹分配，也可以说是国家全额负担的城镇职工养老保险制度。

④ 《国务院关于发布改革劳动制度四个规定的通知》，国发〔1986〕77 号（包括四个文件，即《国营企业实行劳动合同制暂行规定》、《国营企业招用工人暂行规定》、《国营企业辞退违纪职工暂行规定》和《国营企业职工待业保险暂行规定》），启动了我国城镇职工养老保险制度改革：要求国营企业实行劳动合同制，劳动合同制工人退休养老实行社会保险制度；退休养老基金由企业和劳动合同制工人缴纳（企业缴纳 15%左右，个人缴纳不超过 3%），不敷使用时国家给予适当补助。

年，中国处于市场经济的尝试期，国有经济仍占主体地位。1997—2003年，国有企业大幅度改革，大批国有企业关闭、重组或者私营化，致使大量职工被买断工龄提前退休，或者直接下岗。后果之一是国有企业员工比重迅速大幅下降，确实降低了国有企业的社保负担。

1986—2003年，私营企业、港澳台商及外资企业等非国有企业职工所占比重呈直线上升趋势，但非国有企业劳动者的社保制度仍处于不规范状态。这一阶段，非国有企业有较大选择权，可选择是否为职工提供社会保险；而机关事业单位人员的社会保险仍由国家或地方财政全额支付。

2003—2014年，国有企业、机关事业单位人员与非国有企业职工的社保福利水平差距进一步拉大。国有企业、机关事业单位人员无需缴纳社保费用，却全额领取养老金并享受公费医疗等。而非国有企业员工的参保率不高，养老金替代率逐年下降①。在城镇内部，不同人群的社保收益也出现较大差异，这与社保体系的设计缺陷直接相关。直到近年才将机关事业单位员工的养老保险并轨到城镇职工基本养老保险②。此次改革以2015年1月开始的机关事业单位工资制度改革为支撑（朱恒鹏等，2014）。此外，城镇居民长期以来仍遵循以家庭养老为主、低保制度为辅的养老模式。直到2011年才开始实施城镇居民公共养老保险③，并在制度设计和政策实施中附加了“多缴多得”的激励政策。

---

① 中国城镇企业职工养老金目前替代率仅为50%左右，仅能满足人们退休后的基本生活需要（张琴等，2015）。

② 2014年颁布《事业单位人事管理条例》，2015年颁布《国务院关于机关事业单位工作人员养老保险制度改革的决定》。

③ 《国务院关于开展城镇居民社会养老保险试点的指导意见》，国发〔2011〕18号。

综合以上内容不难看出，社保体系设计的不完善，制度改革面临较大阻力，必然导致不同群体的社保缴费和社保金待遇存在较大差距。

3.2 社保缴费中企业主体承受的负担

1978年之后的几十年，劳动力比较优势一直是中国经济高速增长的重要引擎和动力。劳动力近乎无限供给，工资水平偏低且增长缓慢，曾是中国人口红利的典型特征。但近年来，中国人口结构转变的速度极快，适龄劳动人口大量减少，老年人口加速增加。至此，中国人口红利存在消失殆尽的可能，社会的养老负担日趋严重。

社会保险是一项公共物品，主要有两种筹资方式：政府直接提供——以充足的财政投入为支撑，政府强制其他主体提供——为企业或个人而非政府（Gruber & Krueger，1991）。从福利社会建设的目标出发，政府都希望提供更为慷慨和被社会广泛接受的社保水平。但是，高水平的社保福利由谁承担是难以回避的问题。我国社会保险制度强调企业和个人为缴费主体，其次才是国家的补贴。在社会保险制度不完善的背景下，我国却到达了人口老龄化阶段，进入了“未富先老”的困局。目前，企业负担了较重的社保缴费义务，个人则担忧传统家庭养老模式不可持续。

1950—1991年，中国照搬苏联式的养老保险制度，向机关事业单位人员、国企员工等少数人群提供了较为慷慨的社会保险福利。1996年后发生重大转折①，国企改革产生了大量提前退休者，社保制度变革

① 1995年国务院发出《关于深化企业养老保险制度改革的通知》，开始试点混合型养老保险体制（以社会统筹与个人账户相结合）；1997年国务院颁布《关于建立统一的企业职工基本养老保险制度的决定》，正式确立了该制度。

产生巨大基金收支缺口。2000 年以后，中国开始进入老龄社会，政府意识到老龄化的快速发展趋势后，将社保缴费由国有部门扩展到非国有部门。近年来，中国政府正逐步借鉴欧洲国家的常规做法，如延迟退休年龄、放宽计划生育政策等，以缓解养老基金收支压力等（陈沁和宋铮，2013）。

在社保筹资过程中，政府将较大的社保负担逐渐转移给企业①。2001 年，企业平均养老保险费率为 24%，很多省份将实际缴费水平提升至 30%左右（孙祁祥，2001）。与欧美国家企业比较，中国企业社保缴费率严重偏高。如 Nielsen & Smyth（2008）比较中国和其他亚洲国家后发现，中国很多城市雇主的员工非工资成本占到工资的 40%~50%；相比之下，许多亚洲国家，印度为 16%、马来西亚为 12%、印度尼西亚为 10%~15%。中国境内企业社保缴费的法定费率为 33.3%~34.8%，且缴费基数仍在不断提高。

国家层面也已充分认识到企业社保缴费率过高的事实，以及缴费负担过重对劳动力成本和企业劳动力需求的直接影响。2015 年起，我国开始着手降低企业社保缴费率，作为配套措施、通过划拨国有资产和国有企业分红等方式充实社保基金，缓解企业社保缴费负担过重对劳动力市场造成的负面影响。截至 2023 年，中央先后九次部署降低企业社保缴费，五项社保费率总水平从 41%降至 33.95%，单位费率由 30%降至 23.45%，企业社保缴费成本大幅降低（见表 3-4）。

---

① 许多学者认为，转轨成本应该由政府承担，而不是由企业和个人承担（孙祁祥，2001）。

表 3-4　2015—2023 年中央关于企业社保降费的政策

	政策文件	调整险种及幅度	政策效果
第一次降费（2015 年）	《关于调整失业保险费率有关问题的通知》（人社部发〔2015〕24 号） 《关于适当降低生育保险费率的通知》（人社部发〔2015〕70 号） 《关于调整工伤保险费率政策的通知》（人社部发〔2015〕71 号）	失业保险：由 3%降至 2%； 生育保险：累计结余超过 9 个月地区，从不超过 1%降至 0.5%以下； 工伤保险：最低行业基准费率由 0.5%降至 0.2%，最高行业基准费率由 2%降至 1.9%；政策平均费率由 1%左右降至 0.75%左右	工伤和生育保险降低费率，预计每年将给企业减负约 270 亿元
第二次降费（2016 年）	《关于阶段性降低社会保险费率的通知》（人社部发〔2016〕36 号）	职工养老保险：单位缴费比例降至 20%，结余可支付月数超过 9 个月地区降至 19%； 失业保险：2015 年已降低 1%基础上阶段性降至 1%～1.5%，降低费率期限暂按两年执行	
第三次降费（2017 年）	《关于阶段性降低失业保险费率有关问题的通知》（人社部发〔2017〕14 号） 《生育保险和职工基本医疗保险合并实施试点方案》（国办发〔2017〕6 号）	失业保险：总费率为 1.5%的地区可降至 1%，降低费率的期限执行至 2018 年 4 月 30 日； 生育保险：生育保险和医疗保险合并实施试点	
第四次降费（2018 年）	《关于继续阶段性降低社会保险费率的通知》（人社部发〔2018〕25 号）	职工养老保险：继续前序降费率政策（人社部发〔2016〕36 号）； 失业保险：按照（人社部发〔2017〕14 号）实施失业保险总费率 1%地区，延长阶段性降费期限至 2019 年 4 月 30 日； 工伤保险：可支付月数 18～23 个月统筹地区，费率下调 20%；可支付月数 24 个月以上的统筹地区，费率下调 50%	全年为企业降低成本 1 840 亿元

续表

	政策文件	调整险种及幅度	政策效果
第五次降费（2019年）	《降低社会保险费率综合方案》（人社部发〔2019〕35号） 《关于全面推进生育保险和职工基本医疗保险合并实施的意见》（国办发〔2019〕10号）	职工养老保险：单位缴费比例高于16%的，可降至16%；低于16%的，要研究提出过渡办法；全国整体费率降幅在3个百分点以上； 失业保险：总费率1%的省份，延长阶段性降低失业保险费率的期限至2020年4月30日； 工伤保险：继续前序降费率政策（人社部发〔2018〕25号）	预计2019年全年可减轻社保缴费负担3 100亿~3 800亿元
第六次降费（2020年）	《关于阶段性减免企业社会保险费的通知》（人社部发〔2020〕11号） 《关于阶段性减免企业社会保险费有关问题的实施意见的通知》（人社厅发〔2020〕18号）	自2020年2月起，根据受疫情影响情况和基金承受能力，免征5个月中小微企业三项社保（养老、失业、工伤保险）单位缴费部分；对大型企业减半征收3个月；湖北省可免征5个月各类参保单位（不含机关事业单位）三项社会保险单位缴费部分；阶段性降低失业保险费率、工伤保险费率的政策，实施期限延长至2021年4月30日	2020年2—12月，三项社保免、减、缓、降政策合计减费达1.54万亿元
第七次降费（2021年）	《关于2021年社会保险缴费有关问题的通知》（人社厅发〔2021〕2号）	失业保险：降费再延长一年至2022年4月30日； 工伤保险：考虑到部分企业压力很大，规定阶段性降低费率，延长1年，也是到2022年4月30日	

续表

	政策文件	调整险种及幅度	政策效果
第八次降费（2022年）	《特困行业阶段性实施缓缴企业社会保险费政策的通知》（人社厅发〔2022〕16号）	缓缴适用于餐饮、零售、旅游、民航、公路水路铁路运输业三项社保（养老、失业、工伤保险）单位缴费；缓缴的职工基本养老保险费最迟于2022年底前补缴到位；缓缴期满后一个月内补缴缓缴的失业保险、工伤保险费款	延续阶段性降低失业、工伤保险费率政策，1—7月为企业减负超过1 000亿元；对5个特困行业和17个困难行业企业，以及疫情影响严重地区生产经营出现暂时困难的所有中小微企业、个体工商户，阶段性缓缴三项社保费，从4月底政策陆续出台到7月底共缓缴494亿元；中小微企业的失业保险稳岗返还比例由60%最高提至90%，大企业由30%提至50% 1—7月共向667万户企业发放稳岗返还资金397亿；政策实施3个月，向291万户企业发放补助金135亿
第九次降费（2023年）	《关于阶段性降低失业保险、工伤保险费率有关问题的通知》（人社部发〔2023〕19号）	失业保险：自2023年5月起，继续实施阶段性降低失业保险费率至1%政策； 工伤保险：阶段性降低工伤保险费率政策；期限均延长至2024年底	

资料来源：本书根据政府文件整理而成，其中政策效果根据零散的官方数据整理得到。

从降低企业社保缴费的历程看，政策实施整体效果较为明显。

养老保险：养老保险企业平均缴费率，由2015年的20%降至2019年的16%。但发达国家基本养老保险企业缴费比例一般为10%左右（如日本9.15%），我国养老保险企业缴费比例仍有下降空间。

失业保险：我国1999年颁布实施的《失业保险条例》第六条规定：城镇企业事业单位按照本单位工资总额的2%缴纳失业保险费。此后，《失业保险条例》中的费率未作直接修订。2015年至今失业保险总费率多次降低至1%，其中企业失业保险平均缴费率为0.5%。

工伤保险：原有工伤保险费率政策制定于2003年，依据当时的国民经济行业数量和分类，按照工伤风险程度高低，将各行业划分为三类：一类为风险较小行业，二类为中等风险行业，三类为风险较大行业，并分别执行0.5%、1%、2%左右行业差别基准费率。近年来得益于降费政策，企业工伤保险平均费率由1%降至0.75%，降低0.25个百分点；最低行业基准费率由0.5%降至0.2%，最高行业基准费率由2%降至1.9%[①]；实际平均费率从0.9%降至0.7%左右，降低0.2个百分点。

生育保险：为精简社会保险项目，根据“国办发〔2017〕6号”文件规定，2017年在河北省邯郸市、山西省晋中市、辽宁省沈阳市、江苏省泰州市、安徽省合肥市、山东省威海市、河南省郑州市、湖南省岳阳市、广东省珠海市、重庆市、四川省内江市、云南省昆明市开展生育保险和职工基本医疗保险合并实施试点。根据“国办发〔2019〕10号”文件规定，2019年全面推进生育保险和职工基本医疗保险合并实施。

---

① 工伤保险（由用人单位缴费，个人不缴费）缴费费率因用人单位所属行业风险等级不同而不同，各行业基准费率按风险等级从低到高分别为0.2%、0.4%、0.7%、0.9%、1.1%、1.3%、1.6%、1.9%。实行与“支缴率”挂钩的浮动费率机制，上浮两档为基准费率的120%、150%，下浮两档为基准费率的80%、50%。

2019年起，中国实行了新版社保缴费比例规定，其中养老保险单位缴费由16%下调至14%，职工个人缴费比例维持不变；医疗保险单位缴费由10%下调至8%，职工个人缴费比例下调1%～2%；失业保险单位缴费由1%下调至0.5%，职工个人缴费比例维持不变；工伤保险和生育保险单位缴费维持不变，个人缴费比例也未作出调整。①

3.3 企业社保缴费能力和缴费负担测算

3.3.1 测算思路

测算工业企业社保缴费能力和缴费负担，步骤如下：

第一步，根据收入法计算工业增加值 Y，然后估算劳动者报酬、企业利润、固定资产折旧、税金及管理费用占工业增加的比重，故 P 可以表示为：

$$P = 1 - E - D - T \tag{3-1}$$

其中，E、P、D、T 分别表示劳动者报酬、企业利润、固定资产折旧、税金及管理费用占企业产出（这里指工业增加值）的比重。

第二步，确定企业社会保险最大缴费能力。这里有预设条件：①企业不存在以前年度亏损，也不向所有者分配利润；②企业利润仅有两个用途，即扩大再生产投资 I 和缴纳社会保险费 S。设定 S' 是企业社会保险最大缴费能力：

$$S'_{\max} = (P - I)/E \tag{3-2}$$

其中，I 表示用于扩大再生产的企业投资。

① 参考文件《降低社会保险费率综合方案》（人社部发〔2019〕35号）；需要注意，以上比例是基准比例，具体缴费比例可能会因地区、行业、企业规模等因素而有所不同。

第三步，确定企业实际的社会保险缴费负担。劳动力成本和利润水平是制约企业实际缴费能力的两个核心要素。对资本有机构成不同、利润水平不同的企业而言，即便缴费率和缴费额相同也意味着不同的财务压力。故企业实际的社保缴费负担 B 可表示为：

$$B = \frac{r}{1+r} \times \frac{E}{P} \tag{3-3}$$

其中，r 表示企业按照员工工资总额的一定比例（本书采用 30%）缴纳社会保险费。

在严格遵循以上步骤的基础上，本部分首先采用 2013 年第三次经济普查资料，尝试估算出企业增加值、劳动者报酬、固定资产折旧、企业利润、税金及管理费用的数值以及占估算的工业增加值比重。在数据选取方面，主要使用第三次经济普查“按行业分组的规模以上工业企业主要经济指标”的数据。在指标选取方面，主要参照以往的相关研究，即企业产出，采用工业增加值指标；员工薪酬，采用本年应付职工薪酬指标；企业利润，采用利润总额指标；固定资产折旧，采用本年固定资产折旧指标；税金及管理费用，采用主营业务税金及附加、本年应缴增值税与管理费用三项指标之和①。但是本书估算的第一步，结果却差强人意，主要原因在于缺乏科学合理的数据指标，以此为基础计算的工业增加值也不尽理想②（详见图 3-7 至图 3-10 中第一种方法的结果）。

---

① 翟永会．供给视角下不同类型企业的年金缴费能力分析［J］．云南社会科学，2014（5）．

② 从下文的分析可以看出，比较准确的计算指标应包括：工业增加值、劳动者报酬、生产税净额、营业盈余，用其他指标替代以上四个指标会存在测量误差，将导致估算的劳动者报酬比重和营业盈余比重不准确，最终会导致估算的社保缴费能力和负担失真。

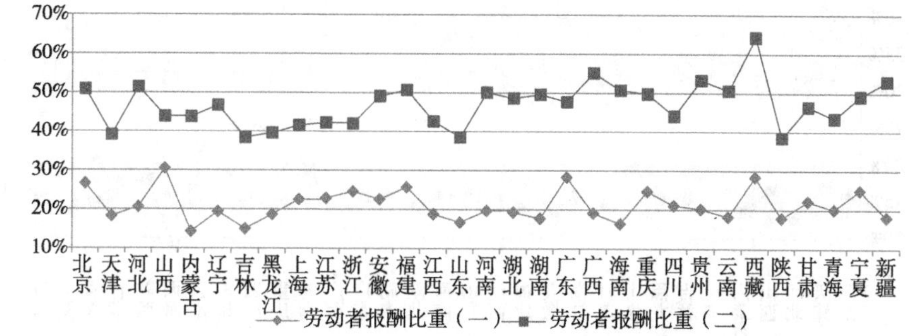

图 3-7 两种核算数据的劳动者报酬比重

注：劳动者报酬比重（一），即通过收入法并采用第三次经济普查中按省分组的工业企业主要经济指标的核算值；劳动者报酬比重（二），即 2014 年《中国统计年鉴》中按照地区生产总值收入法构成项目数据核算值。

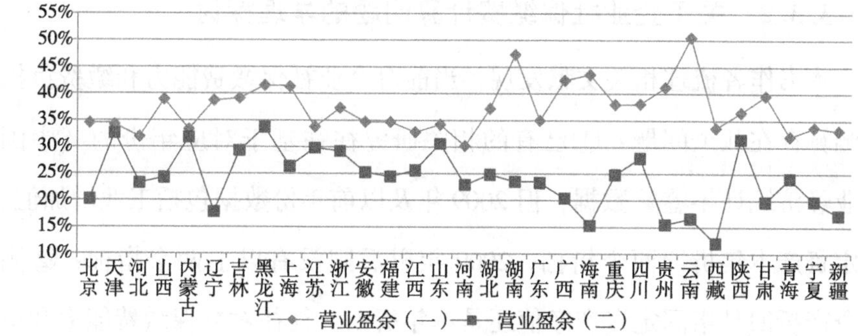

图 3-8 两种核算数据的营业盈余比重

注：同上。

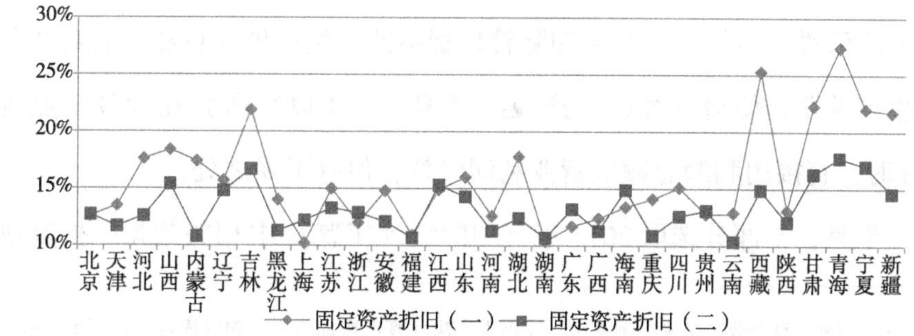

图 3-9 两种核算数据的固定资产比重

注：同上。

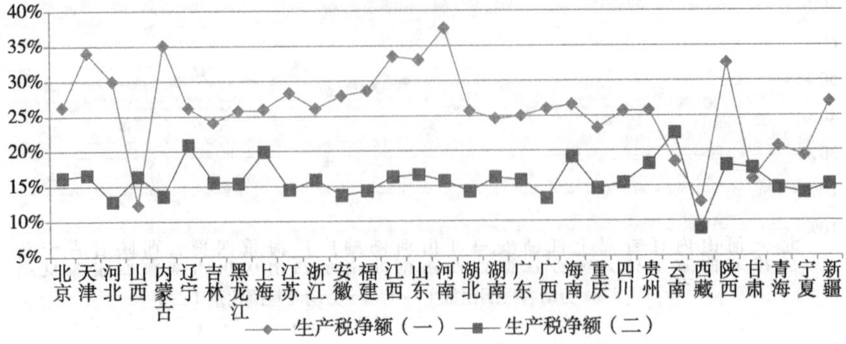

图 3-10　两种核算数据的生产税净额比重

注：同上。

3.3.2　关于企业社保缴费计算问题的学理探讨

本书作者梳理相关文献发现，当前对企业社保缴费能力和缴费负担的测算存在几个问题：①已有的相关研究往往基于对应年份的《中国工业经济统计年鉴》数据，但 2009 年及以前年份数据包括工业增加值、固定资产本年折旧两个指标，2009 年以后则没有以上两个指标；②固定资产折旧是指固定资产净值还是本年折旧，往往对社保缴费能力和负担测算的影响较大，以往研究通常采用固定资产本年折旧；③以往研究在计算生产税净额时，主要采用主营业务税金及附加、管理费以及本年应交增值税三项加总，并未扣除管理费中的非生产税项目和政府对企业的生产补贴，使得计算的生产税净额偏高；④以往研究在计算企业盈余[①]时，直接用利润总额或营业利润代替，似有不妥之处。

于是，本部分选取 2014 年《中国统计年鉴》中相关数据，折算成

① 原来计算企业盈余采用倒算法，即用生产法计算出增加值后，扣除固定资产折旧、劳动者报酬、生产税净额而得到。这种方法仅进行平衡处理，没有真正告诉我们如何计算营业盈余指标。目前比较准确的一种方法是利用会计核算中损益表的原理，将损益表改成营业盈余计算表来计算。

不同地区劳动者报酬、固定资产折旧、营业盈余、生产税净额所占比重(方法二)，并与根据收入法估算结果（方法一）进行比较。两种方法所计算的四个指标占企业增加值比重差异较大（详见图 3-7 至图 3-10 中第一种方法的结果)。

第一步，按照收入法粗略估算不同地区的工业增加值（如图 3-7 至图 3-11 中第一种方法)。根据收入法估算的劳动者报酬所占比重偏低，说明基于“本年应付职工薪酬+利润总额+固定资产本年折旧+主营业务税金及附加、管理费及应交增值税”所计算的收入法，工业增加值可能存在偏误。通过对比以往的统计数据①，进一步验证了收入法计算的工业增加值存在偏误，即低估了劳动者报酬比重。根据现有的经验，工业制造业企业劳动者报酬占企业增加值的比重，40%~60%应是较为合理的区间。

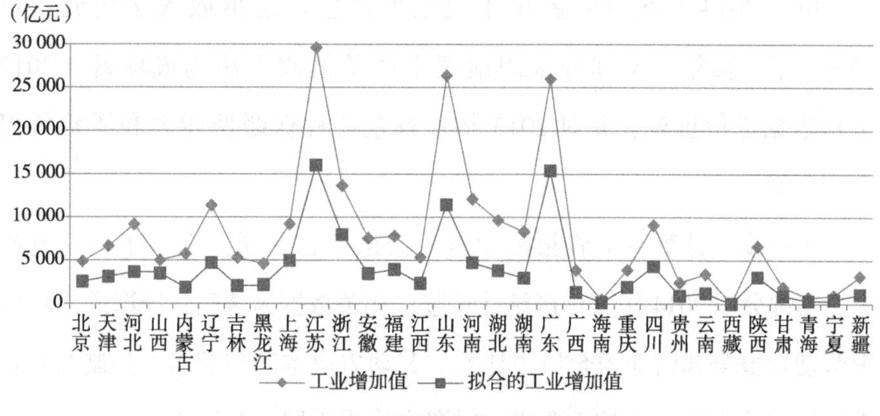

图 3-11 根据收入法计算的工业增加值和拟合的工业增加值

第二步，纠正两种数据结果之间的偏差。首先，本研究通过已有统

① 由 2014 年《中国统计年鉴》：3-17 地区生产总值收入法构成项目（2012 年）数据折算。

计数据折算劳动者报酬比重[①]和第三次经济普查中本年应付职工薪酬数据[②]，拟合2013年经济普查中不同地区工业增加值，即通过劳动者报酬估算拟合状态下的工业增加值；其次，根据三次经济普查数据采用收入法直接计算工业增加值；最后，通过比较直接计算的工业增加值和拟合的工业增加值，验证后一种方法的合理性。

本书通过比较发现，各省份两种工业增加值的走势基本一致。采用"本年应付职工薪酬、利润总额、固定资产本年折旧以及主营业务税金及附加、管理费及应交增值税"四项之和直接估算工业增加值时，并未考虑管理费中的其他非工业增加值项目。以上分析表明，根据统计年鉴已有数据折算的员工薪酬比重和企业利润比重比较合理。本书直接采用2014年统计年鉴中员工薪酬比重和企业利润比重的数据测算。

3.3.3 企业社保缴费能力和缴费负担测算

由于2014年统计年鉴中未包括地区生产总值收入法构成项目（2013年）数据，本部分采用地区生产总值收入法构成项目（2012年）数据进行折算，并对2013年各省企业社保缴费能力和缴费负担单独测算。

第一步，计算劳动者报酬和营业盈余所占比重。在以上讨论基础上，本部分以2014年《中国统计年鉴》相关数据为基础，计算式（3-1）中劳动者报酬和营业盈余所占比重。劳动力成本和利润水平是制约企业实际缴费能力的两个核心要素，对资本构成不同、利润水平不同的企业而言，即便缴费率和缴费额相同也意味着不同的财务压力。根据现有经

① 2014年《中国统计年鉴》：3-17地区生产总值收入法构成项目（2012年），考虑到劳动者报酬的比重具有相对稳定性。

② 来自三次经济普查"按省份分组的工业企业主要经济指标（分地区）"数据。

验，工业制造企业劳动者报酬占企业增加值的比重为40%～60%，营业盈余比重为10%～30%，应是较为合理的区间。但图3-12显示，企业劳动报酬比重、营业盈余比重在各地区间的差异较大。

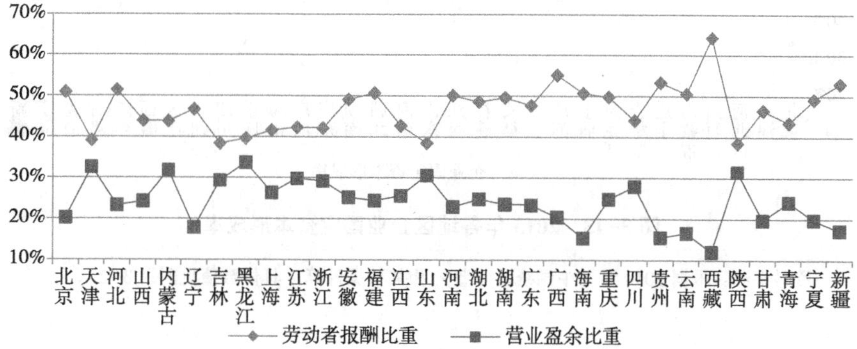

图3-12 2013年各地区企业劳动者报酬和营业盈余比重

资料来源：根据2014年《中国统计年鉴》相关数据折算（具体数值见附录3-1）。

第二步，通过计算企业固定资产投资率，确定企业利润用于下一年投资比重和社保缴费最大比重。根据2014年《中国统计年鉴》数据，2013年我国支出法国内生产总值586 673亿元，资本形成总额280 356亿元，总资本形成率为47.8%[①]。其中，固定资本形成总额269 075.4亿元，存货变动11 280.7亿元，分别占资本形成总额96%和4%。2013年全社会固定资产投资国家预算资金22 305.3亿元。通过以上数据可计算出2013年我国企业固定资本形成率为42.1%。但各地区企业固定资本形成率的差异较大（见图3-13）。

第三步，计算企业利润的两个用途，即扩大再生产投资和缴纳社会保险费的比重。图3-14表明，各地区企业利润用途也存在较大差异。

① 资本形成率指资本形成总额占支出法国内生产总值的比重。

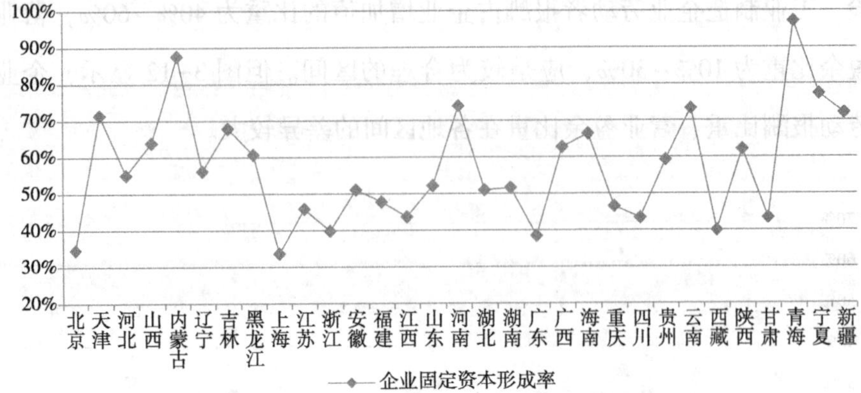

图 3-13　2013 年各地区企业固定资本形成率

资料来源：根据 2014 年《中国统计年鉴》相关数据计算（具体数值见附录 3-2）。

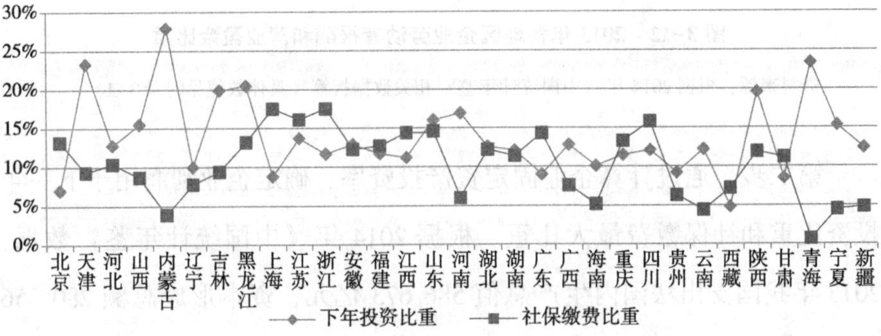

图 3-14　2013 年各地区企业利润用途

资料来源：根据 2014 年《中国统计年鉴》相关数据计算。

第四步，确定企业社保最大缴费能力。从图 3-15 中可以看出，企业社会保险缴费率 30%在大多数地区已超过平均企业最大社保缴费能力。仅有上海（42%）、浙江（41.7%）、江苏（38.1%）、山东（38%）、四川（35.8%）、江西（33.8%）、黑龙江（33.4%）等省份的企业有能力履行缴费率 30%；经济较发达的北京和天津，其企业最大社保缴费能力也仅为 26%和 23.8%；经济落后地区企业最大社保缴费能力更低，如青海 1.6%、云南 8.8%、内蒙古 9%、宁夏 9.1%、新疆 9.1%。总体而言，2013 年前后我国有 30%左右的企业法定社保缴费率偏高。

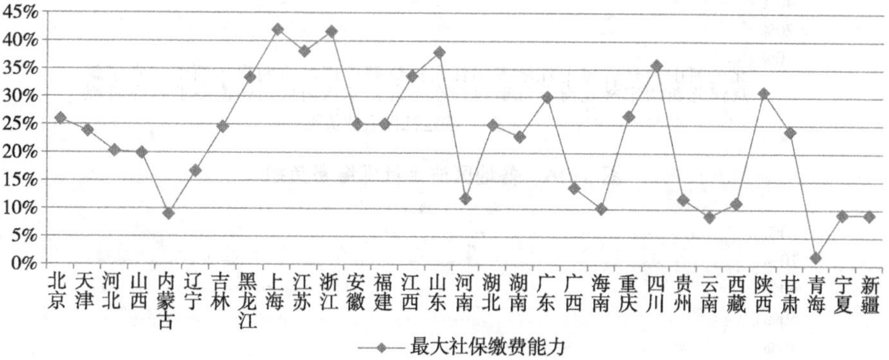

图 3-15 两种方法计算的各地区企业最大社保缴费能力

第五步，估算不同地区企业实际的社保缴费负担（采用企业工资总额 30%的缴费基准）。在当前社保政策下，不同地区的社保缴费负担水平差异较大。

总体而言，越是经济落后地区其社保缴费负担越重，如西藏高达 123.7%（可能存在特殊之处情况）、贵州 79.4%、海南 76.5%、新疆 71.1%、云南 70.3%。此外，北京的企业社保缴费负担也高达 58.1%，广东为 47.2%，是少数几个经济发达但社保缴费负担过重的省份。经济发达地区的社保缴费负担，上海为 36.5%、浙江为 33.3%、江苏为 32.8%、山东为 29%。

根据郑功成（2015）的研究，东部沿海部分省区是劳动力的主要输入地，人口相对年轻，使得企业实际缴费率偏低；中西部地区以及老工业基地因为人口老龄化较为严重，使得实际缴费率偏高①。

① 郑功成．从地区分割到全国统筹：中国职工基本养老保险制度深化改革的必由之路［J］．中国人民大学学报，2015（3）：2-11.

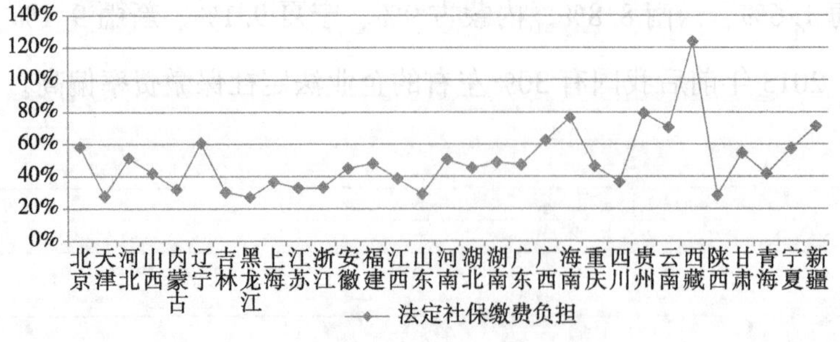

图 3-16　各地区法定社保缴费负担

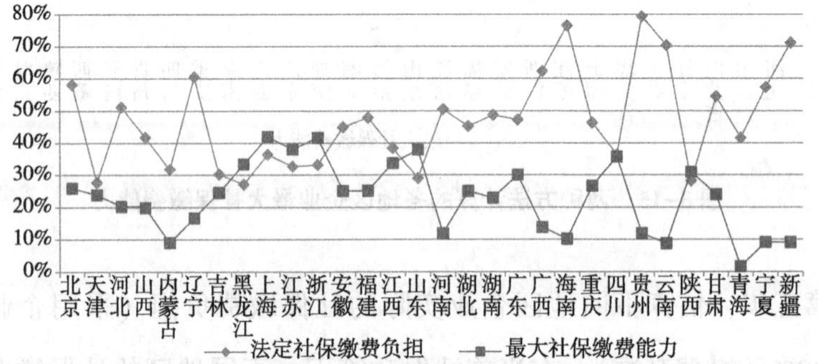

图 3-17　各地区社保缴费能力和缴费负担比较

注：西藏的企业最大社保缴费能力是 11.2%，社保缴费负担是 123.7%，考虑到西藏地区特殊的地理位置和宗教民族情况，本书将该省份作为异常值，未予列入。

3.3.4　企业社保缴费能力和缴费负担的变化趋势

鉴于相关年份的统计年鉴中未列出地区生产总值收入法构成项目（2013 年）数据，上述 2013 年企业社保缴费能力和缴费负担的计算过程采用地区生产总值收入法构成项目（2012 年）数据进行折算①。为了更加准确地估算出我国企业社保缴费能力和缴费负担的变化趋势，本部分依次计算 2012 年和 2014—2017 年不同省份的相关计算结果②。

① 2014 年《中国统计年鉴》只给出了地区生产总值收入法构成项目（2012 年）数据。

② 由于统计口径的变化，2018 年之后的《中国统计年鉴》未列出地区生产总值收入法构成项目数据，故以上计算截止到 2017 年。

从图 3-18 可以看出，我国绝大多数省份平均的企业最大社保缴费能力并未发生明显变化，西北地区（包括陕西、青海、宁夏、甘肃、新疆）的企业平均最大社保缴费能力近年来甚至出现下降趋势。不难看出，用工成本快速上升进一步挤压了企业的利润空间，企业社保缴费负担过重也制约着企业最大社保缴费能力的提高。

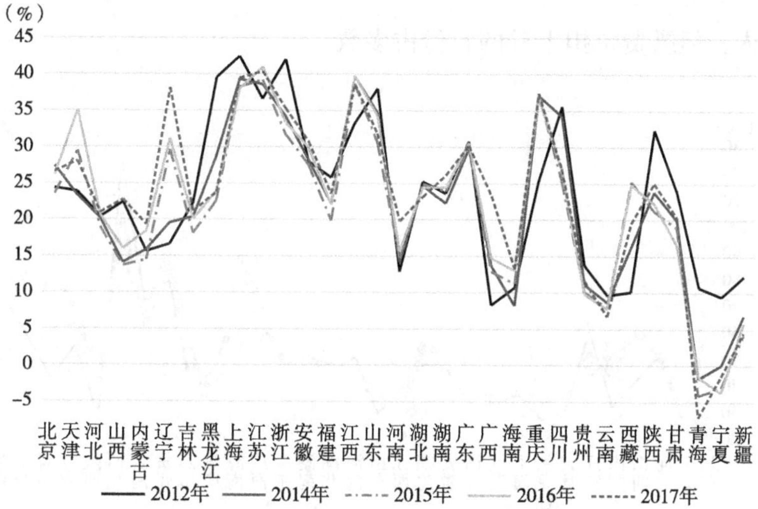

图 3-18　2012—2017 年各省份企业平均社保缴费能力

此外，2015 年我国开始降低社保缴费费率以减轻企业用工成本，企业的社保缴费费率从 30%左右逐步降至 2019 年的 25%左右。有专家认为，在外部经营环境不利的背景下，应该将企业的社保缴费率降低 10%，才能够真正帮助企业度过艰难期[①]。基于此，本部分以企业工资总额的 30%、25%和 20%（理想状态之下的假设情况）为基准，分析我国各省份企业平均社保缴费负担的地区差异和变化趋势。

① 2015 年末，中国经济改革研究基金会国民经济研究所副所长王小鲁接受《第一财经日报》记者专访时的观点。

第一种基准：企业工资总额30%[①]。

从图3-19可以看出，企业平均社保缴费负担下降明显的省份包括辽宁（-24%）、河南（-9.2%）、重庆（-12.9%）、西藏（-35.8%）；企业平均社保缴费负担上升明显的省份包括山西（18.2%）、内蒙古（19.4%）、黑龙江（14.3%）、四川（13.1%）、陕西（11.2%）、甘肃（16.7%）、青海（39.2%）、新疆（23.2%）；其他省份变动维持在小幅范围内，但缴费负担上升的省份占多数。

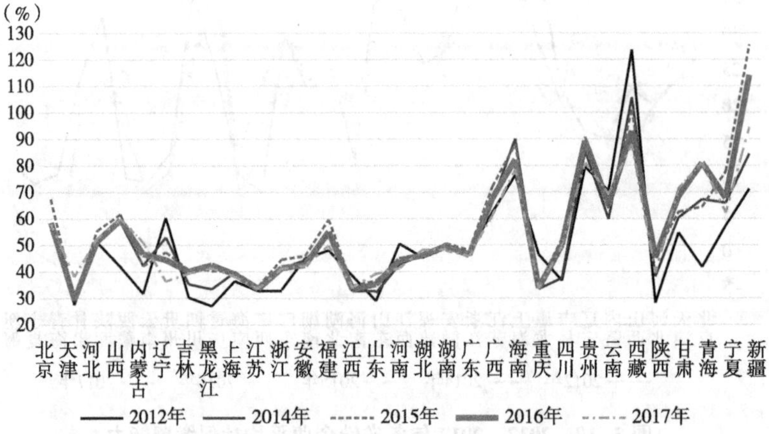

图3-19　2012—2017年各省份企业平均社保缴费负担（30%费率）

第二种基准：企业工资总额25%。

企业社保缴费费率占企业工资总额30%时，平均社保缴费负担省份差异在30%~120%不等。相比之下，25%、20%的缴费比例，将使得各省份企业平均的社保缴费负担下降10%左右（见图3-20和图3-21）。因此，如何降低企业社保缴费负担以及降至工资总额的多少比例，需要政策制定

① 青岛市作为国家企业社保缴费政策执行度的典型代表，2012—2017年企业社保缴费费率为30%左右，足以反映绝大多数地区企业社保缴费比例的变化趋势（详见表3-5）。

者权衡养老、医疗等社保待遇总负担与企业利润空间的改善。从表 3–5 可以看出，2019 年我国大幅降低企业社保缴费比例至 25%~26%左右，体现了宏观政策的最终取向，即降低企业用工负担、提振企业利润空间。

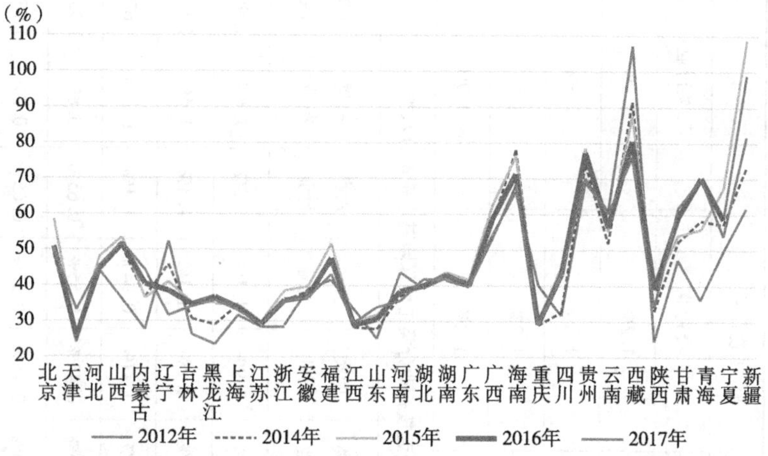

图 3–20　2012—2017 年各省份企业平均社保缴费负担（25%费率）

第三种基准：企业工资总额 20%的。

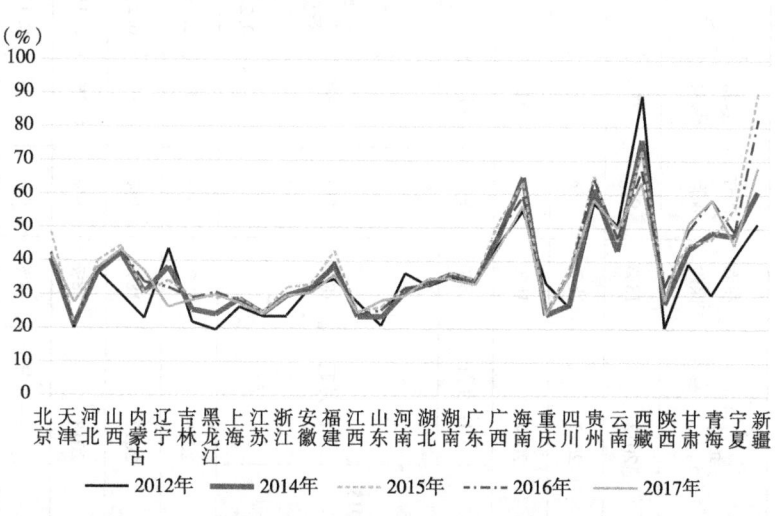

图 3–21　2012—2017 年各省份企业平均社保缴费负担（20%费率）

表 3-5 青岛市历年企业社保缴费比例

<table>
<tr><th colspan="2" rowspan="2">年份</th><th rowspan="2">养老保险</th><th rowspan="2">医疗保险</th><th rowspan="2">失业保险</th><th colspan="8">工伤保险</th><th rowspan="2">生育保险</th><th rowspan="2">总费率</th></tr>
<tr><th colspan="2">一类行业</th><th colspan="3">二类行业</th><th colspan="3">三类行业</th></tr>
<tr><td colspan="2">2012</td><td>18%</td><td>9%</td><td>2%</td><td colspan="2">0.7%</td><td colspan="3">1.2%</td><td colspan="3">1.9%</td><td>1%</td><td>31.2%</td></tr>
<tr><td colspan="2">2013</td><td>18%</td><td>9%</td><td>1%</td><td colspan="2">0.7%</td><td colspan="3">1.2%</td><td colspan="3">1.9%</td><td>1%</td><td>30.2%</td></tr>
<tr><td colspan="2">2014</td><td>18%</td><td>9%</td><td>1%</td><td colspan="2">0.7%</td><td colspan="3">1.2%</td><td colspan="3">1.9%</td><td>1%</td><td>30.2%</td></tr>
<tr><td rowspan="4">2015</td><td>1—9 月</td><td>18%</td><td>9%</td><td>1%</td><td colspan="2">0.7%</td><td colspan="3">1.2%</td><td colspan="3">1.9%</td><td>1%</td><td>30.2%</td></tr>
<tr><td rowspan="3">10 月起</td><td rowspan="3">18%</td><td rowspan="3">9%</td><td rowspan="3">1%</td><td colspan="8">自 10 月 1 日起按行业分类工伤保险基准费率分八类</td><td></td><td></td></tr>
<tr><td>一类行业</td><td>二类行业</td><td>三类行业</td><td>四类行业</td><td>五类行业</td><td>六类行业</td><td>七类行业</td><td>八类行业</td><td></td><td></td></tr>
<tr><td>0.2%</td><td>0.4%</td><td>0.7%</td><td>0.9%</td><td>1.1%</td><td>1.3%</td><td>1.6%</td><td>1.9%</td><td>1%</td><td>30%</td></tr>
<tr><td colspan="2">2016</td><td>18%</td><td>9%</td><td>1%</td><td>0.2%</td><td>0.4%</td><td>0.7%</td><td>0.9%</td><td>1.1%</td><td>1.3%</td><td>1.6%</td><td>1.9%</td><td>1%</td><td>30%</td></tr>
<tr><td colspan="2">2017</td><td>18%</td><td>9%</td><td>0.7%</td><td>0.2%</td><td>0.34%</td><td>0.6%</td><td>0.77%</td><td>0.94%</td><td>1.1%</td><td>1.36%</td><td>1.62%</td><td>1%</td><td>29.6%</td></tr>
<tr><td colspan="2">2018</td><td>18%</td><td>9%</td><td>0.7%</td><td>0.1%</td><td>0.2%</td><td>0.35%</td><td>0.45%</td><td>0.55%</td><td>0.65%</td><td>0.8%</td><td>0.95%</td><td>1%</td><td>29.2%</td></tr>
<tr><td rowspan="2">2019</td><td>1—4 月</td><td>18%</td><td>9%</td><td>0.7%</td><td>0.1%</td><td>0.2%</td><td>0.35%</td><td>0.45%</td><td>0.55%</td><td>0.65%</td><td>0.8%</td><td>0.95%</td><td>1%</td><td>29.2%</td></tr>
<tr><td>5—12 月</td><td>16%</td><td>9%</td><td>0.7%</td><td>0.05%</td><td>0.1%</td><td>0.18%</td><td>0.23%</td><td>0.28%</td><td>0.33%</td><td>0.4%</td><td>0.48%</td><td>1%</td><td>26.96%</td></tr>
</table>

续表

年份		养老保险	医疗保险	失业保险	工伤保险									生育保险	总费率
					一类行业			二类行业			三类行业				
2020	1—2月	16%	9.5%	0.7%	0.05%	0.1%	0.18%	0.23%	0.28%	0.33%	0.4%	0.48%		并入医保	26.5%
	3月起	16%	8.5%	0.7%	0.05%	0.1%	0.18%	0.23%	0.28%	0.33%	0.4%	0.48%		并入医保	25.5%
2021		16%	8.5%	0.7%	0.05%	0.1%	0.18%	0.23%	0.28%	0.33%	0.4%	0.48%		并入医保	25.5%
2022		16%	8.5%	0.7%	0.1%	0.2%	0.35%	0.45%	0.55%	0.65%	0.8%	0.95%		并入医保	25.7%

注：①本书参照青岛市企业社保缴费费率，主要由于青岛市的国家企业社保降费政策执行度具有代表性，如《降低社会保险费率综合方案》（人社部发〔2019〕35号），要求职工养老保险单位缴费比例高于16%的，可降至16%，青岛于2019年5月开始执行；《关于全面推进生育保险和职工基本医疗保险合并实施的意见》（国办发〔2019〕10号），青岛于2020年开始执行。

资料来源：根据青岛市人力资源和社会保障局数据整理得到，其中，工伤保险按照中位数计算。

3.4 本章小结

相比发达经济体，我国人口结构转变较快，老年人口数量多且增长速度快，面临“未富先老”困境。尤为复杂的是，我国不同地区的老龄化和老年抚养比存在较大差异，呈现两极分化趋势：经济发达地区老龄化程度和老年抚养比呈下降趋势，而经济相对落后地区则呈上升趋势。此外，由于社保体系的设计缺陷，短期内，为有效应对人口老龄化，我国政府、企业和个人三方都不同程度地承担着社保压力。

企业是社保体系的主要出资者。中外相关文献近乎一致地表明，我国企业社保缴费率偏高，缴费负担和缴费压力过重，远超企业现有的经济承受能力。本书中的测算也证实了上述观点，即我国企业总体的社保缴费负担依然过重；不同省份平均的企业社保缴费能力和缴费负担存在较大差异；仅有少数地区的企业有能力履行30%的法定缴费率，即便在北京和天津，企业社保缴费能力也偏弱，而经济落后省份的企业平均社保缴费能力更低；经济落后省份企业社保缴费负担更重，经济发达省份则相对较轻。

值得指出的是，北京市大多数企业均认真履行法定社保缴费义务，平均的企业社保缴费负担过重，缴费能力偏弱；广东作为中国乃至世界制造业重要基地，是劳动密集型企业集聚之地，劳动密集型制造业的典型特征之一就是劳动力成本占生产总成本的60%~80%，因此广东省平均的企业社保缴费负担过重，缴费能力偏弱。

本章附录

附录 3-1 2012 年各省（自治区、直辖市）员工薪酬和企业利润

单位：%

	员工薪酬比重	企业利润比重		
		企业利润比重	下年投资比重	社保缴费比重
北京	0.509	0.202	0.070	0.132
天津	0.391	0.326	0.233	0.093
河北	0.514	0.232	0.128	0.104
山西	0.439	0.242	0.155	0.087
内蒙古	0.438	0.318	0.279	0.039
辽宁	0.467	0.178	0.100	0.078
吉林	0.384	0.293	0.199	0.094
黑龙江	0.396	0.337	0.205	0.132
上海	0.416	0.263	0.088	0.175
江苏	0.423	0.298	0.137	0.161
浙江	0.421	0.292	0.117	0.175
安徽	0.491	0.252	0.129	0.123
福建	0.507	0.244	0.117	0.127
江西	0.427	0.256	0.112	0.144
山东	0.385	0.306	0.160	0.146
河南	0.501	0.229	0.169	0.060
湖北	0.486	0.248	0.126	0.122
湖南	0.496	0.235	0.121	0.114
广东	0.477	0.233	0.090	0.143
广西	0.551	0.204	0.128	0.076
海南	0.507	0.153	0.101	0.052
重庆	0.498	0.248	0.115	0.133
四川	0.441	0.279	0.121	0.158

续表

	员工薪酬比重	企业利润比重		
		企业利润比重	下年投资比重	社保缴费比重
贵州	0.533	0.155	0.092	0.063
云南	0.506	0.166	0.122	0.044
西藏	0.643	0.120	0.048	0.072
陕西	0.385	0.315	0.196	0.119
甘肃	0.465	0.197	0.085	0.112
青海	0.435	0.241	0.234	0.007
宁夏	0.492	0.198	0.153	0.045
新疆	0.53	0.172	0.124	0.048

资料来源：2014年《中国统计年鉴》。

附录3-2 2013年各省（自治区、直辖市）企业资本形成率

单位：%

	资本形成率（投资率）	国家投资占总资本比重	企业资本形成率	企业固定资本形成率
北京	40.3	10.7	36.0	34.6
天津	76.9	1.1	76.0	71.4
河北	57.9	3.4	55.9	55.1
山西	72.8	6.9	67.7	63.9
内蒙古	93.4	3.4	90.3	87.6
辽宁	62.6	7.4	58.0	56.2
吉林	69.6	3.1	67.5	67.8
黑龙江	65.6	4.4	62.7	60.7
上海	38.7	4.4	37.0	33.6
江苏	48.4	1.8	47.5	45.9
浙江	45.5	6.9	42.4	39.9
安徽	57.6	9.5	52.2	51.1
福建	58.8	10.0	53.0	47.8

续表

	资本形成率（投资率）	国家投资占总资本比重	企业资本形成率	企业固定资本形成率
江西	49.9	7.2	46.4	43.7
山东	56.6	2.3	55.3	52.2
河南	77.2	2.3	75.4	74.0
湖北	56.0	5.1	53.1	51.0
湖南	57.2	6.6	53.4	51.6
广东	41.9	4.1	40.2	38.5
广西	70.5	7.0	65.6	62.7
海南	73.9	6.4	69.2	66.3
重庆	54.6	10.1	49.1	46.5
四川	51.4	12.4	45.0	43.4
贵州	65.7	7.6	60.7	59.2
云南	84.9	7.2	78.8	73.3
西藏	111.3	64.0	40.1	40.0
陕西	68.8	7.4	63.7	62.1
甘肃	60.2	24.6	45.4	43.4
青海	119.9	15.0	101.9	97.1
宁夏	91.0	10.3	81.6	77.3
新疆	86.0	12.8	75.0	72.0

资料来源：2014 年《中国统计年鉴》。

4 我国企业数量演变及现状

4.1 企业在经济发展中的基本功能

关于企业存在的理由和价值，Coase（1937）在“企业的性质”一文中作出了经典阐述。他从经济理论视角界定了企业，并将其与现实中的企业进行了区分，假定企业组织显著特征是作为价格机制的替代物与更大规模的经济专业化相互联系，企业组织是市场专业化的单位。企业组织存在的理由和价值是在两个假设——资源的配置由价格机制决定与资源的配置依赖于作为协调者的企业家——之间搭起桥梁，降低整个社会市场活动所产生的交易成本。

结合中国背景，张维迎在其专著《理解公司：产权、激励与治理》中进一步阐释了企业存在的价值——“企业与市场的不同，在于他可以利用权威代替价格进行资源配置，从而大大节约了交易成本。”① 从通俗意义上讲，企业的存在能够发挥企业经营管理者的权威对劳动合同的替代效应，从而大大减少合同的数量，并弥补合同本身的不完备，从而能将更稀缺的资源用于社会生产。

但现实中，企业作为宏观经济的微观单位，既是经济发展的源

① 张维迎．理解公司：产权、激励与治理［M］．上海：上海人民出版社，2014.

泉和动力，为人类社会提供生产和生活资料，又是工业社会工作岗位的主要提供者。根据以往的经验，一个地区的企业发展状况往往与该地区经济增长速度和社会发展水平紧密相关。从图 4-1 中可以看出，企业单位较多的省份，地区生产总值通常也较大。2013 年我国地区生产总值排名靠前的省份是广东、江苏、山东和浙江，相应地企业单位数也较多，分别为 123.3 万家、130.2 万家、83.4 万家、122.6 万家，远高于其他省份。我国不同地区经济发展水平极不均衡，除自然资源禀赋外，企业数量上的差异也是重要影响因素。借鉴德、美等发达国家经验，保持各地区均衡发展能推动整体经济的发展。

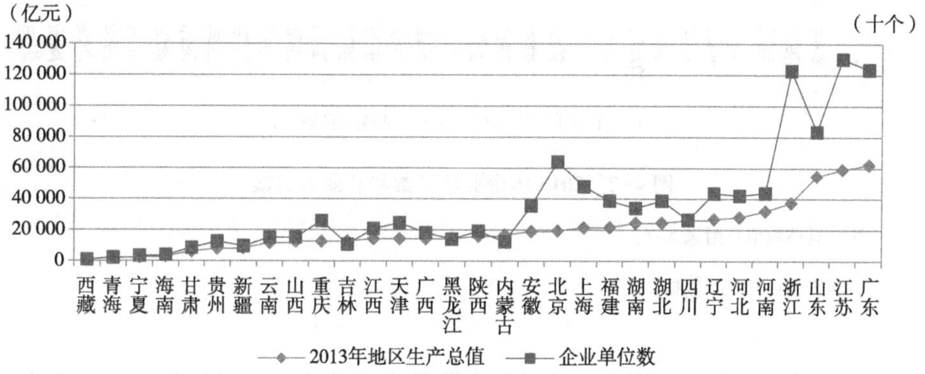

图 4-1　地区生产总值和企业单位数

注：具体数值见附录 4-1。

资料来源：2014 年《中国统计年鉴》和第三次经济普查资料（以下简称“三经普”）。

经济增长是创造就业岗位的关键。作为基本经济单元，一个地区企业数量的多寡直接影响当地的工作机会和就业选择。第三次经济普查数据显示，企业单位数与从业人员总体正相关。企业单位数超过 40 万家的省份依次为江苏（130.2万家）、广东（123.3万家）、浙江（122.6万家）、山东（83.4万家）、北京（64万家）、上海（48万家）、河南（43.9万家）、辽宁（43.7万家）、河北（42.2万家）。相应地，以上省份分别带动就业5 720万、5 730万、4 490万、4 040万、1 100万、1 550万、2 650万、1 730万和1 720万人，也是全国吸纳就业人数最多的省份。详见图4-2。

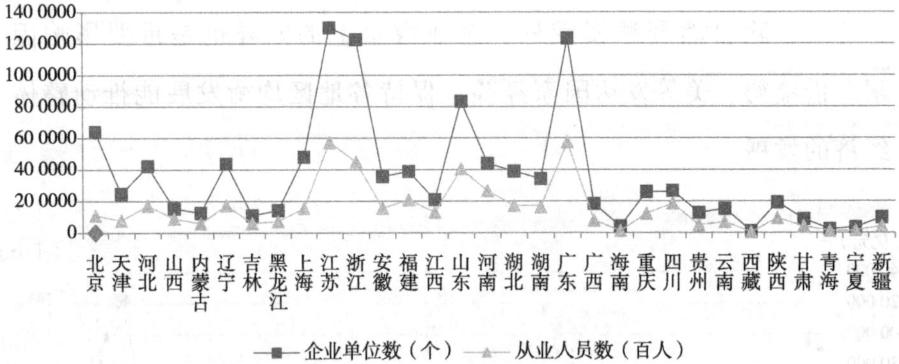

图4-2　2013年企业单位数和从业人员数

注：具体数值见附录4-1；

资料来源：三经普数据。

但是，中国企业的产生和发展正面临着诸多不利因素。1978年改革开放以来，中国经济增长影响了整个世界，工业化进程持续推进，成为世界制造业大国。但中国的经济增长也存在诸多隐患，比如主要依托丰富的自然资源和无限供给的廉价劳动力，采用高投入、高能耗的粗放型发展方式，过度倚重出口加工贸易，以及近年来房地产经济畸形膨胀。

随着资源减少、环境污染约束，适龄劳动力逐年减少以及出口贸易和房地产经济的持续萎缩，传统的粗放型经济发展模式在中国难以持续。当前，中国经济正逐步进入新常态，即 GDP 增长速度逐年放缓，经济与产业结构面临大幅度调整、转型和升级，从以要素和投资驱动为主转变为以消费和创新驱动为主，日益重视经济的高质量发展。

我国经济进入新常态后，政府启动了“大众创业、万众创新”的就业战略，通过“大众创业”，保持经济增长的速度，增加经济发展新动力，创造经济发展新引擎；通过“万众创新”推动经济结构调整以及产业结构优化升级，增强创新驱动能力。“大众创业、万众创新”的推进，可以发挥就业带动作用，增加就业数量，优化就业质量，缓解就业困难。

我国推进“大众创业”能够集中更多社会资源，缓解就业压力对经济、社会的冲击；鼓励“万众创新”宏观上可促进经济和产业结构调整升级，微观层面可激励企业提高内部管理水平，通过创业创新增加个人和社会收入，调整优化收入分配结构。“大众创业、万众创新”的部署，从侧面体现出企业数量和劳动用工对经济增长的作用。

一些学者分析与预测中国的宏观经济，认为中国经济步入新常态，宏观经济政策目标应适时作出调整，即经济政策的首要目标应是增长与就业，其次才是稳定物价与促进国际收支平衡①。企业作为宏观经济的微观载体，可同时发挥保增长和促就业两种功能。

---

① 参见：刘元春．中国宏观经济分析与预测报告（2016 年第一季度）［R］．北京：中国人民大学国家发展与战略研究院，2016.

4.2 我国工业企业数量演变与诞生趋势

4.2.1 工业企业数量与诞生基本状况

工业经济是实体经济发展的风向标。工业企业数量的增加，能够反映出实体经济活力的提升，体现出针对工业企业市场准入的政策倾向，并判断出未来实体经济发展的趋势。在对内改革和对外开放等多重因素影响下，我国工业企业发生了较大变化①。本书利用中国工业企业数据库中 1998—2009 年的数据进行估算发现，我国工业企业数从 1998 年的 16.5 万增至 2009 年的 42.2 万个，年均增长率 8.9%。这里的企业总数增加是新企业进入、已有企业退出、企业兼并等综合作用后的结果。详见图 4-3、图 4-4。

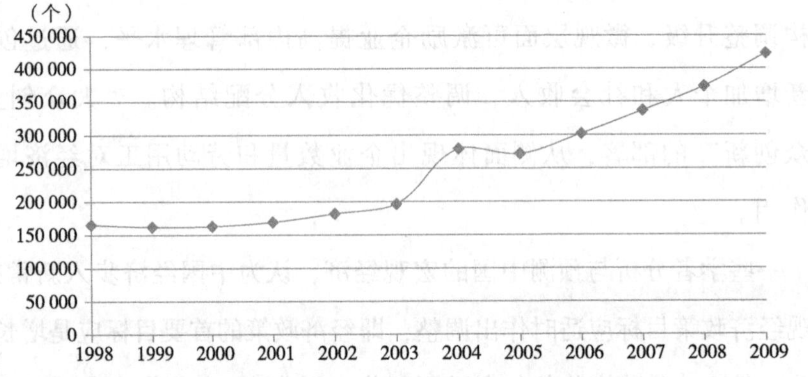

图 4-3 1998—2009 年中国工业企业数

注：①具体数值见附录 4-2；

②中国工业企业数据的来源不同，但计算出的企业数量相差不大；

③由于统计口径不一致，未列出三经普工业企业数（2013 年）。

① 本部分中国工业企业数据指全部国有工业企业及规模以上非国有工业企业。

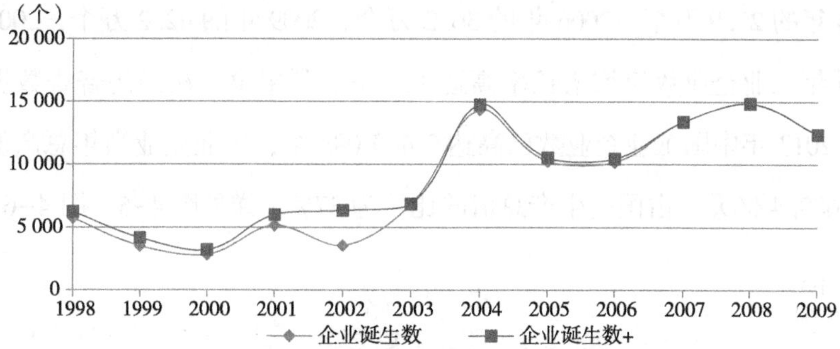

图 4-4 1998—2009 年中国工业企业诞生数

注：①具体数值见附录 4-4；

②缺少成立年份的企业样本数，1998—2009 年分别为 504、658、367、846、2 796、0、419、280、268、0、22 和 12 个；

③企业诞生数+，表示缺少成立年份的企业样本数全部视为当年新诞生企业后的模拟值，研究发现缺失值对企业诞生数变化趋势的影响较小（除 2002 年差异较大）。

1998—2002 年，中国工业各行业企业数变化不大，这可能存在几方面的原因：

政策层面，20 世纪 90 年代末的国企改革使工业企业总数不会发生太大变化，此时主要进行国企私营化，即企业所有权的转变。

经济层面，受 1998 年亚洲金融危机的影响，存活下来的企业尚处在恢复期，多数行业经济效益不景气，难以吸引新企业的大量涌入。

全球化层面，中国正处于加入世界贸易组织前后的调整适应期，各项经济政策大幅调整，较大的政策风险一定程度上抑制了新企业的进入。

对外开放因素，这主要体现为 2001 年加入世界贸易组织、适应国际贸易规则以及对外招商吸引外资。2001—2009 年，港澳台商投资企业从 18 228 个增至 33 809 个，外商投资企业从 13 119 个增至 40 522 个。其间，我国工业企业数出现大幅增长，从 2003 年的 19.6 万个增长到

2004年的27.9万个，2006年的30.2万个，2009年的42.2万个，2003—2009年工业企业数年均增长率高达13.6%。利用第三次经济普查数据估算，2013年中国工业企业数已高达2 409 083个，工业企业当年总产值达210 689.4亿元，占国内生产总值的比重为37%。详见图4-5、图4-6。

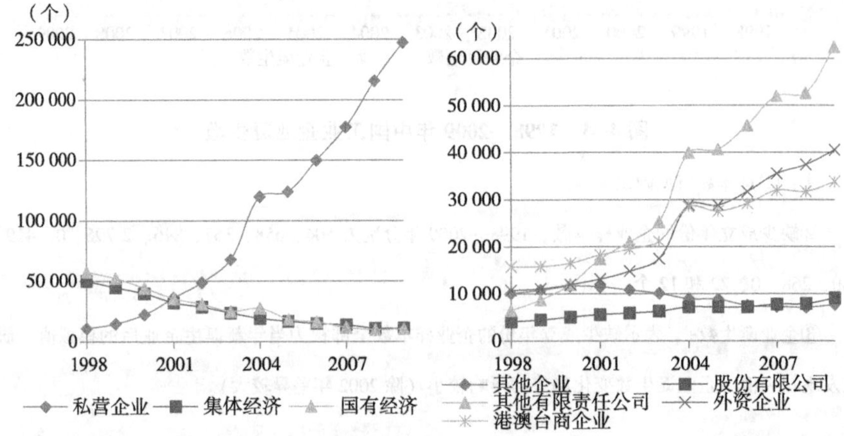

图4-5　1998—2009年不同注册类型企业数的变化

注：不同注册类型企业包括的细分企业类型见附录4-4（a）；

具体数值见附录4-4（b）。

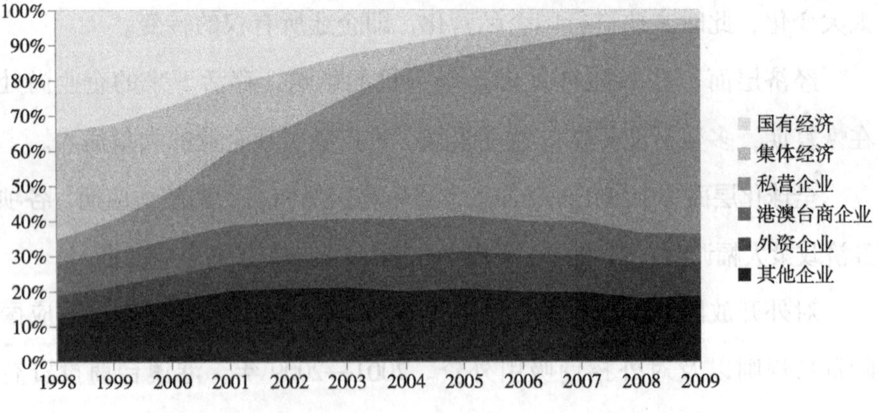

图4-6　1998—2009年不同注册类型企业所占比重变化

注：具体数值见附录4-4（c）。

其中，新诞生工业企业数在2003年之后也发生了较大变化。2003—2004年，新诞生工业企业数从6 850个增加到14 341个，增长了109.4%；2005年和2006年新诞生工业企业偏少，而2008年新诞生工业企业高达14 847个。

从图4-7可以看出，我国国有、集体工业企业诞生，无论绝对数还是相对数都呈现出急剧下降的态势，如新诞生国有工业企业从1998年的963个下降到2007年的87个，2009年的159个；相应地，在新诞生工业企业中的比重也由16.8%下降到2001年的0.65%，2009年的1.29%。相比2007年，新诞生国有工业企业出现上升“怪象”，这可能是我国受2008年美国次贷危机波及而推行积极的财政政策，扩大政府公共基础设施投资的体现。

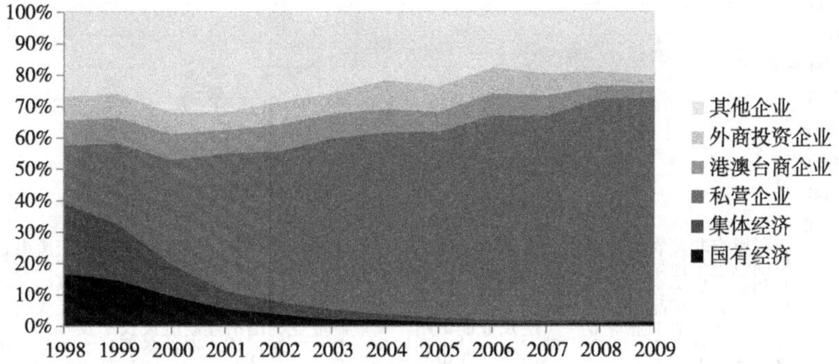

图4-7　1998—2009年不同注册类型工业企业诞生数比重

注：具体数值见附录4-5（a）和附录4-5（b）。

此外，私营工业企业的扩张最为明显。新诞生私营工业企业，由1998年的1 069个增加到2009年的8 767个，相应地，所占比重由18.7%上升到70.9%。在工业领域，私营企业市场准入逐步放宽，门槛逐渐降低。2001年，新诞生私营工业企业从2000年的929个跃升到2 262个。

不难发现，企业诞生数受到的来自经济周期波动和经济政策的影响极为明显。2001年中国加入世界贸易组织，工业企业诞生数出现小高峰；2004年党的十七届三中全会召开，有利的经济政策和优惠扶持等使得新企业大量诞生；2008年的经济刺激计划又引发了一个新企业诞生高峰。

4.2.2 不同行业工业企业数量与诞生状况

由于1998—2002年和2003—2009年行业统计指标发生变化，下文将之分为两个阶段讨论。相比之下，1998—2002年各行业工业企业数变化不大；2003—2009年，多数工业行业企业数出现较快增长，以下行业最为明显，如农副食品加工业、纺织业、化学原料及化学制品制造业、非金属矿物制品业、通用设备制造业等。

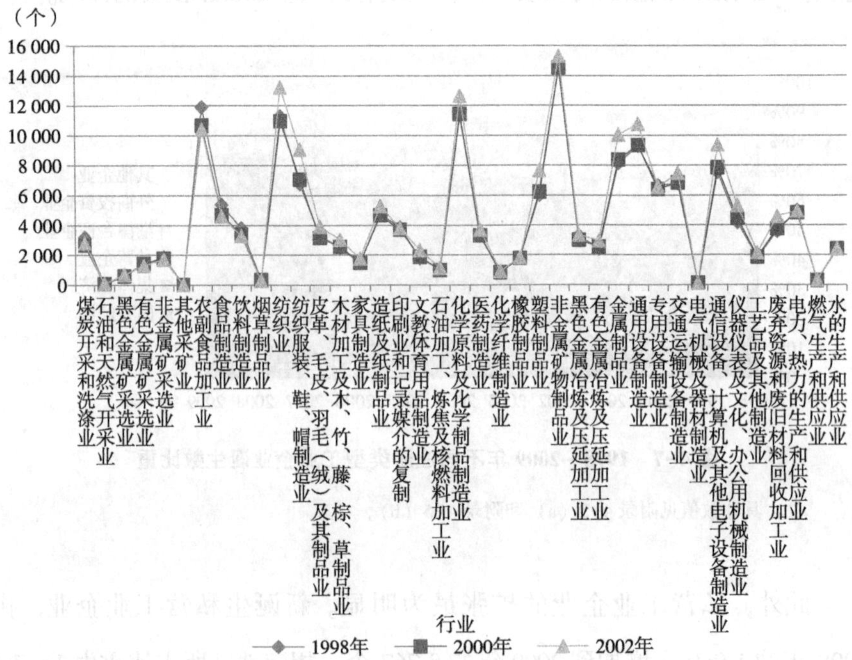

图4-8 1998—2002年工业各行业企业数量变化

注：具体数值见附录4-7；

资料来源：中国工业企业数据（1998—2002）。

但影响我国企业数量扩张的因素中，原有行业基础似乎作用较大，1998—2002 年，企业数量较多的工业行业包括农副食品加工业，纺织业，纺织服装、鞋、帽制造业，化学原料及化学制品制造业、非金属矿物制品业、金属制品业、通用设备制造业等。

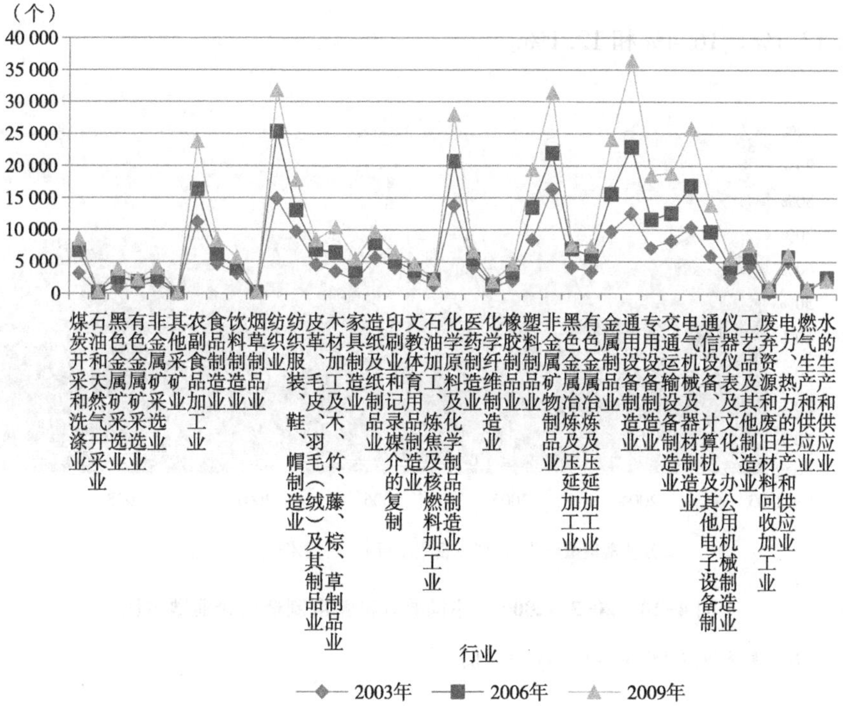

图 4-9　2003—2009 年工业各行业企业数量变化

注：具体数值见附录 4-7；

资料来源：中国工业企业数据（2003—2009）。

我国是制造业大国，但制造业多以订单贸易为主，劳动密集度高，处于附加值较低的产业链低端。为了进一步分析，现按照不同的要素密集度将制造企业分为劳动、资本和技术密集型三种类型（具体分类见附录 4-8)[①]。制造业是工业的核心，在中国工业企业数据库中，2003—2009 年，制造业企业数一直占工业企业数的 92%以上[②]。

从图 4-10 中可以看出，三类制造业中，劳动、技术与资本密集型企业数量分别从 2003 年的 83 247 个、50 901 个和 47 062 个，增加到 2009 年的 173 858 个、126 848 个和 93 240 个，平均增幅分别为 13.1%、16.4%和 12.1%。

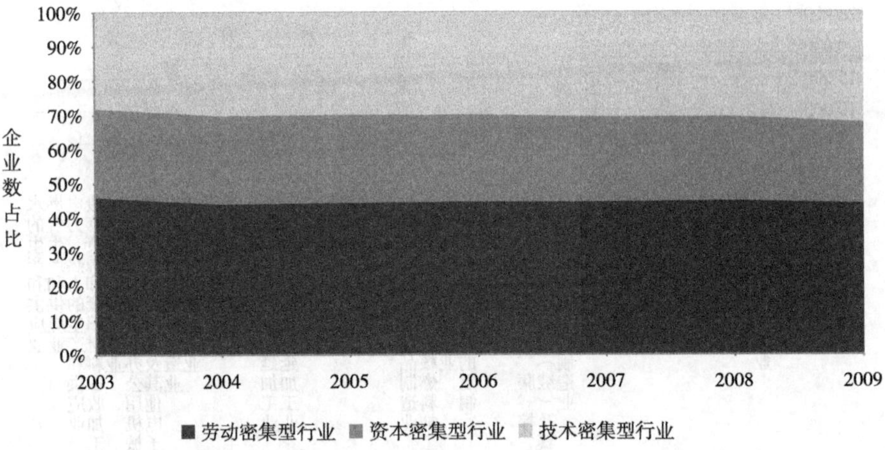

图 4-10　2003—2009 年不同要素密集度制造业企业数占比

注：具体数值见附录 4-9（a）和（b）。

从企业诞生视角看，我国劳动密集型制造业仍表现得较为稳定，从 2003 年的 3 077 个上升到 2009 年的 5 876 个，占新增工业企业比重从 44.9%上升到 47.5%。新诞生资本密集型制造企业占新增工业企业

---

① 参照 Lall（2000）、张伯伟和沈得芳（2015）的划分方法；1998—2002 年中国工业企业数据执行国民经济行业分类（GB/T 4754—1994）；2003—2009 年中国工业企业数据执行国民经济行业分类（GB/T 4754—2002）。

废弃资源和废旧材料回收加工业，划入技术密集型制造业（吕铁和王海成，2015）。

② 2003—2009 年分别为 92.33%、92.92%、94.53%、92.49%、92.95%、93.12%和 93.31%。

比重，从2003年的27.2%降低至2009年的20.7%；新诞生技术密集型制造企业占新增工业企业比重，从2003年的20.8%降低至2009年的25.4%。

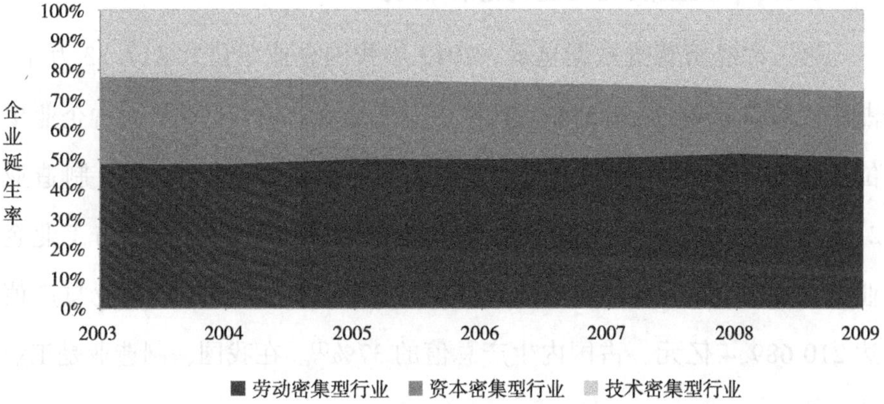

图4-11 2003—2009年不同要素密集度制造业诞生率

注：具体数值见附录4-10（a）和（b）。

从企业数增幅看，技术密集型制造业企业的扩张更快。但从企业数占比来看，我国制造业仍主要聚集于劳动密集型行业，2009年三类制造业企业数占比，分别为44.1%、32.2%和23.7%。

不难推断，资本密集型制造企业拥有足够的能力和资源向技术密集型调整升级，雄厚的资本可为技术引进、管理理念升级奠定物质基础。而劳动密集型制造企业调整升级，不仅面临资本的约束，也面临人力资本的约束，以及融资环境等的多重制约。因此，劳动密集型制造业的调整升级更难，企业诞生过程中对劳动力成本的关注可能更明显。

4.3 我国工业企业诞生的现状

4.3.1 工业企业诞生的总体情况

第三次经济普查数据显示，2013 年我国企业单位共 817.83 万个，占法人单位总数的 75.55%，其中，工业企业 240.91 万个，占企业单位总数的 29.46%。2013 年，工业企业中采掘业 89 072 个、制造业 2 251 194 个、电力燃气和水的生产供应业 68 817 个，分别占工业企业总数的 3.70%、93.45%和 2.86%。此外，2013 年我国工业总产值达 210 689.4 亿元，占国内生产总值的 37%①。在我国，制造业是工业的主体。

2013 年我国新筹建工业企业 78 292 个，占新筹建企业单位的 29.44%②。工业行业内部，采掘业、制造业和电力、燃气和水的生产和供应业 6.9 万个，新筹建企业数分别为 3 539、71 528 和 3 225 个，占各行业企业总数的比重分别为 3.97%、3.18%和 4.69%（见表 4-1 和图 4-12）③。

表 4-1 按营业状态划分工业企业数（单位：个）

工业企业	总计	营业	停业（歇业）	筹建	当年关闭	当年破产	其他
采掘业	89 072	66 753	14 257	3 539	3 089	444	990
制造业	2 251 194	1 961 701	148 065	71 528	48 031	5 333	16 535

① 资料来源于 2014 年《中国统计年鉴》。

② 由于数据可获得性的限制，本部分通过企业“筹建”营业状态指标而不是成立年份指标来分析工业企业诞生现状。

③ 六种营业状态［营业、停业（歇业）、筹建、当年关闭、当年破产、其他］。

续表

工业企业	总计	营业	停业（歇业）	筹建	当年关闭	当年破产	其他
电力、燃气和水的生产和供应业	68 817	61 730	2 417	3 225	705	80	655

资料来源：第三次经济普查数据。

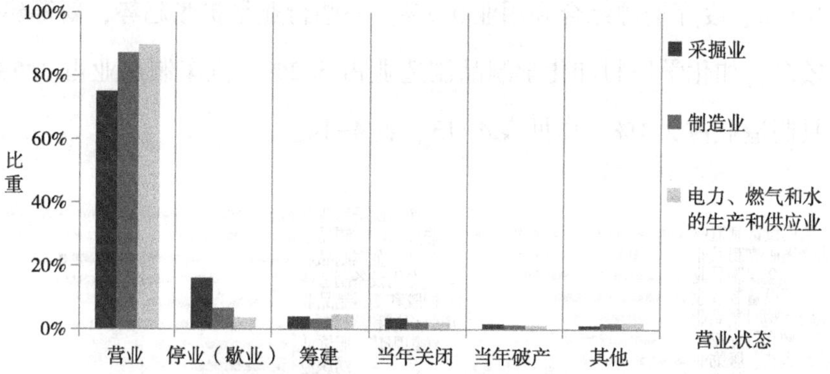

图 4-12 工业内部不同行业的营业状态

4.3.2 从行业角度分析制造业企业诞生状况

制造业是我国工业的主体，在数量上占绝对优势。制造业企业筹建数量特征，可作为分析判断我国工业经济的一个关键指标。各行业企业的现有数量则是分析新筹建企业数量变化的基础。

2013 年全国共有 225.12 万个制造企业。从各行业企业数量所占比重看，通用设备制造业（9.62%）、非金属矿物制品业（9.47%）、金属制品业（8.46%）、专用设备制造业（6.36%）、橡胶和塑料制品业（6.17%）、电气机械和器材制造业（6.13%），六个行业企业数量占制造业企业总数的 46.22%。

从 2013 年新筹建企业数量上看，原有企业数量较多的行业依然充当领头羊。2013 年全国共筹建 71 528 家制造企业，通用设备制造业占

9.7%、非金属矿物制品业占9.6%、金属制品业占8.9%、专用设备制造业占7.6%、电气机械和器材制造业7.5%，五个行业占新筹建数的43.3%。

在一些垄断和半垄断行业，企业数量增加有限，如烟草制造业全国筹建3家，而化学纤维制造业增长0.3%、石油加工炼焦和核燃料加工业0.6%、废弃资源综合利用业0.7%。一些行业呈扩张趋势，新筹建企业较多，如化学原料和化学制品制造业占5.2%、汽车制造业占3.5%、家具制造业占2.1%。详见表4-13、表4-14。

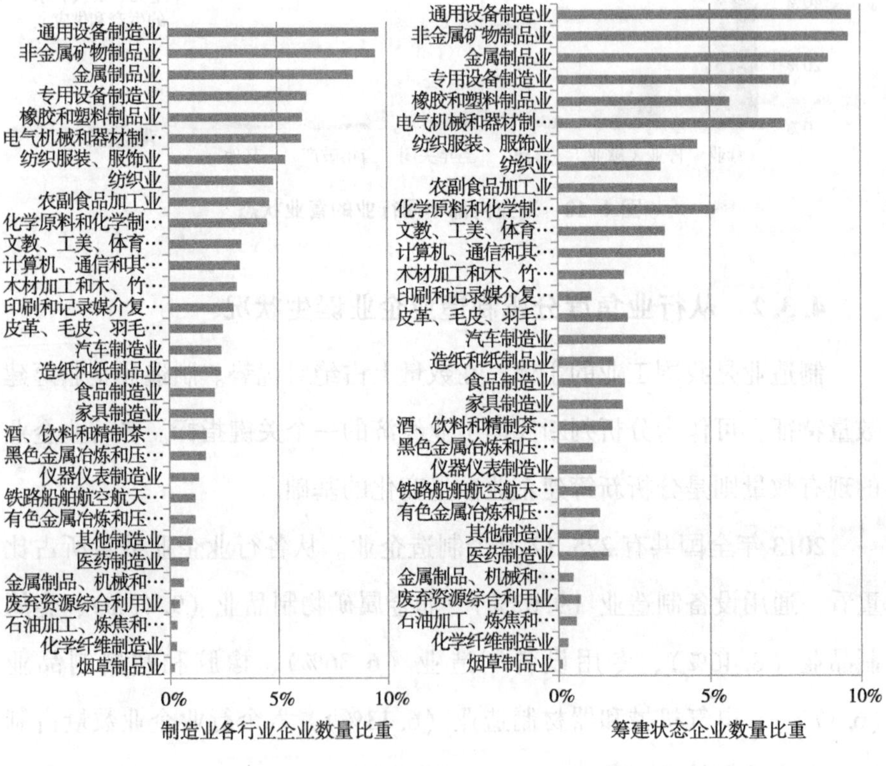

图4-13　制造业各行业企业数量和状态企业数量筹建所占比重

注：具体数值见附录4-11和附录4-12；

资料来源：第三次经济普查数据。

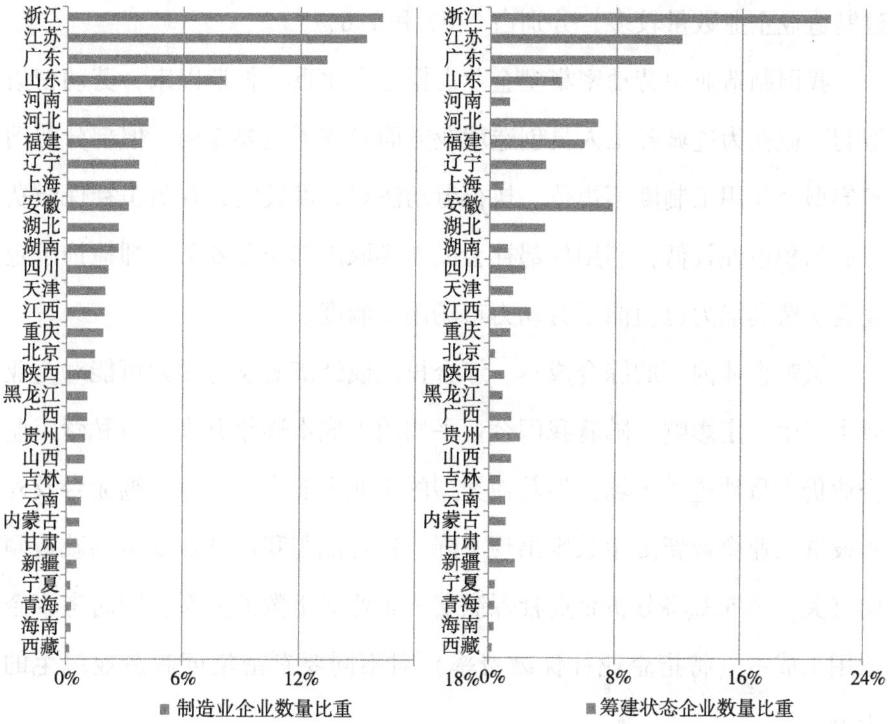

图 4-14 各地区制造业企业数量和筹建状态企业数量所占比重

注：具体数值见附录 4-13 和附录 4-14；

资料来源：第三次经济普查数据。

4.3.3 从地区角度分析制造业企业诞生状况

分地区看，浙江、江苏、广东和山东四省的制造企业数最多，分别占全国制造业企业总数的 16.2%、15.4%、13.4% 和 8.1%，共占 53.1%的比重。不难看出，我国制造业企业的分布极不平衡，东部沿海地区较为集中，中西部地区偏少，如西藏、青海、宁夏、新疆、甘肃等地制造业企业数量极少。其中，浙江 21.7%，江苏 12.1%，广东 10.3%，三省共计 44.1%；制造企业数排名靠前的山东、河南，新筹建制造业企业数量偏少，仅占 4.5%和 1.2%。相比之下，贵州和新疆新筹建制造业企业数量较多，分别占 2.0%和 1.6%。

我国制造业中劳动密集型企业占据很大比重。长期以来，劳动密集型制造业在为进城务工人员创造就业方面发挥了主要作用。但部分劳动密集型企业用工制度不规范，执行劳动法规力度较弱，在员工社保缴费方面的积极性较低，利用外部社会成本换取内部企业效益，即掩饰了企业真实获利能力也扭曲了劳动力市场用工制度。

微观企业内部的综合成本、综合投入或经济效益等因素可能对企业诞生产生一定影响。随着我国企业平均用工成本逐年升高，虽私营工业企业仍大量地进入市场，但其他类型的工业企业表现一般，港澳台及外商投资工业企业新诞生数则出现下降，这可能与我国产业安全的政策倾向有关。第 5 章将分析企业社保缴费与企业诞生数的关系，同时考察企业用工成本（特指企业社保缴费率）对不同要素密集度制造业诞生的影响。

本章附录

附录 4-1　2013 年各地区经济和就业概况

省份	地区生产总值（亿元）	人均生产总值（元）	企业单位数（个）	从业人员数（人）
北京	19 500.56	93 213	640 393	11 000 000
天津	14 370.16	99 607	246 223	7 810 630
河北	28 301.41	38 716	422 034	17 200 000
山西	12 602.24	34 813	153 162	8 963 872
内蒙古	16 832.38	67 498	124 823	5 893 687
辽宁	27 077.65	61 686	436 815	17 300 000
吉林	12 981.46	47 191	109 003	5 990 662
黑龙江	14 382.93	37 509	141 518	7 185 392

续表

省份	地区生产总值（亿元）	人均生产总值（元）	企业单位数（个）	从业人员数（人）
上海	21 602.12	90 092	479 516	15 500 000
江苏	59 161.75	74 607	1 301 498	57 200 000
浙江	37 568.49	68 462	1 225 901	44 900 000
安徽	19 038.87	31 684	355 390	15 500 000
福建	21 759.64	57 856	387 820	20 800 000
江西	14 338.5	31 771	208 970	12 800 000
山东	54 684.33	56 323	834 086	40 400 000
河南	32 155.86	34 174	438 741	26 500 000
湖北	24 668.49	42 613	388 423	17 100 000
湖南	24 501.67	36 763	341 168	16 100 000
广东	62 163.97	58 540	1 233 107	57 300 000
广西	14 378	30 588	182 939	7 800 072
海南	3 146.46	35 317	39 359	1 206 440
重庆	12 656.69	42 795	259 238	12 100 000
四川	26 260.77	32 454	266 073	18 500 000
贵州	8 006.79	22 922	125 992	4 768 724
云南	11 720.91	25 083	151 451	6 768 938
西藏	807.67	26 068	9 924	343 657
陕西	16 045.21	42 692	192 316	9 192 937
甘肃	6 268.01	24 296	85 424	4 009 409
青海	2 101.05	36 510	22 578	1 121 166
宁夏	2 565.06	39 420	34 070	1 494 732
新疆	8 360.24	37 181	96 827	4 056 612

资料来源：第2、3栏数据来自2014年《中国统计年鉴》；第4、5栏数据来自第三次经济普查。

附录 4-2　历年中国工业企业数（个）

年份	企业总数	年份	企业总数	年份	企业总数
1998	165 104	2002	181 639	2006	302 025
1999	162 032	2003	196 253	2007	336 840
2000	162 872	2004	279 410	2008	373 000
2001	169 118	2005	271 881	2009	422 213

注：由于统计口径不一致，未列出第三次经济普查工业企业数（2013 年）。

附录 4-3　1998—2009 年工业企业诞生数（个）

年份	企业诞生数	年份	企业诞生数	年份	企业诞生数
1998	5 733	2002	3 540	2006	10 180
1999	3 497	2003	6 850	2007	13 387
2000	2 808	2004	14 341	2008	14 847
2001	5 162	2005	10 240	2009	12 368

注：缺少成立年份的企业样本数，1998 年 504 个，1999 年 658 个，2000 年 367 个，2001 年 846 个，2002 年 2 796 个，2003 年 0 个，2004 年 419 个，2005 年 280 个，2006 年 268 个，2007 年 0 个，2008 年 22 个，2009 年 12 个。

附录 4-4

（a）不同注册类型企业划分

企业类型	具体企业类型
国有经济	国有企业、国有独资公司、国有联营企业
集体经济	集体企业、集体联营企业、国有与集体联营企业
私营经济	私营独资企业、私营合伙企业、私营有限责任公司、私营股份有限公司
港澳台商投资企业	合资经营（港或澳台资）、合作经营企业（港或澳台资）、港澳台商独资企业、港澳台商投资股份有限公司
外商投资企业	中外合资经营企业、中外合作经营企业、外商独资企业、外商投资股份有限公司
其他类型企业	股份有限公司、其他有限责任公司、股份合作企业、其他联营企业、其他内资企业

（b）1998—2009年不同注册类型企业数变化（个）

年份	1998	1999	2000	2001	2002	2003	2004	2005	2006	2007	2008	2009
国有经济	57 422	52 138	44 067	35 424	30 760	24 857	27 325	18 352	16 082	11 580	9 748	10 446
集体经济	49 905	44 503	39 526	31 935	28 425	23 517	18 997	16 608	14 819	13 595	10 818	10 942
私营企业	10 668	14 601	22 127	35 931	48 580	67 615	119 622	123 833	149 756	177 109	215 566	247 228
港澳台商企业	15 726	15 783	16 489	18 228	19 476	21 155	28 458	27 561	29 183	31 954	31 735	33 809
外资企业	10 722	11 054	11 955	13 119	14 779	17 430	28 884	28 831	31 694	35 513	37 421	40 522
其他企业	20 658	23 953	28 708	34 478	37 739	41 679	56 124	56 696	60 491	67 089	67 712	79 266

（c）1998—2009年不同注册类型工业企业占比变化（%）

年份	1998	1999	2000	2001	2002	2003	2004	2005	2006	2007	2008	2009
国有经济	34.8	32.2	27.1	20.9	17.1	12.7	9.8	6.8	5.3	3.4	2.6	2.5
集体经济	30.2	27.5	24.3	18.9	15.8	12.0	6.8	6.1	4.9	4.0	2.9	2.6
私营企业	6.5	9.0	13.6	21.2	27.0	34.5	42.8	45.5	49.6	52.6	57.8	58.6
港澳台商企业	9.5	9.7	10.1	10.8	10.8	10.8	10.2	10.1	9.7	9.5	8.5	8.0
外商投资企业	6.5	6.8	7.3	7.8	8.2	8.9	10.3	10.6	10.5	10.5	10.0	9.6
其他企业	12.5	14.8	17.6	20.4	21.0	21.2	20.1	20.9	20.0	19.9	18.2	18.8

附录4-5

（a）1998—2009年不同注册类型工业企业诞生数（个）

年份	1998	1999	2000	2001	2002	2003	2004	2005	2006	2007	2008	2009
国有经济	963	515	272	285	132	148	277	124	78	87	142	159
集体经济	1 274	620	285	296	146	228	268	148	107	138	101	56
私营企业	1 069	903	929	2 262	1 694	3 727	8 294	6 075	6 632	8 744	10 507	8 767
港澳台商企业	455	286	236	386	304	535	1 068	644	716	864	620	449
外商投资企业	434	264	191	293	255	449	1 332	843	847	945	657	446
其他企业	1 538	909	895	1 640	1 009	1 763	3 102	2 406	1 800	2 609	2 820	2 491

(b) 1998—2009 年不同注册类型工业企业诞生数占比（%）

年份	1998	1999	2000	2001	2002	2003	2004	2005	2006	2007	2008	2009
国有经济	16.80	14.73	9.69	5.52	3.73	2.16	1.93	1.21	0.77	0.65	0.96	1.29
集体经济	22.22	17.73	10.15	5.73	4.12	3.33	1.87	1.45	1.05	1.03	0.68	0.45
私营企业	18.65	25.82	33.08	43.82	47.85	54.41	57.83	59.33	65.15	65.32	70.77	70.88
港澳台商企业	7.94	8.18	8.40	7.48	8.59	7.81	7.45	6.29	7.03	6.45	4.18	3.63
外商投资企业	7.57	7.55	6.80	5.68	7.20	6.55	9.29	8.23	8.32	7.06	4.43	3.61
其他企业	26.83	25.99	31.87	31.77	28.50	25.74	21.63	23.50	17.68	19.49	18.99	20.14

附录 4-6　不同省份工业企业数变化情况

年份	1998	1999	2000	2001	2002	2003	2004	2005	2006	2007	2008	2009
北京	4 572	5 280	4 647	4 419	4 645	4 144	7 064	6 482	6 625	6 400	6 311	6 427
天津	5 014	4 855	5 295	5 480	5 293	5 332	6 516	6 187	6 373	6 362	6 838	8 200
河北	8 282	8 084	7 945	8 399	8 495	8 989	10 687	11 187	12 049	10 872	11 503	12 788
山西	4 839	4 276	4 169	4 273	4 599	4 818	6 578	5 901	6 344	4 473	4 004	3 872
内蒙古	1 779	1 706	1 709	1 701	1 828	2 040	2 884	2 961	3 596	3 368	3 389	4 256
辽宁	7 201	6 817	7 224	7 360	8 297	9 631	14 963	15 191	18 827	16 559	19 663	22 725
吉林	2 766	2 752	2 716	2 597	2 627	2 437	3 676	3 099	3 635	3 986	4 340	5 695
黑龙江	4 268	3 716	3 461	3 292	3 464	3 485	4 500	4 014	4 222	3 173	3 902	4 261
上海	9 429	9 292	8 623	9 822	10 199	11 308	16 165	15 193	14 849	15 102	16 747	17 353
江苏	17 529	17 541	17 938	19 284	21 205	23 828	40 812	32 326	36 387	41 852	56 712	59 164
浙江	12 566	12 372	13 789	17 666	20 895	24 451	39 725	38 841	44 014	51 608	52 829	58 856
安徽	3 761	3 755	3 706	3 660	3 874	4 134	4 715	5 097	6 235	8 116	9 828	13 197
福建	6 007	5 570	5 989	6 535	7 441	9 169	11 887	12 308	13 691	15 180	16 023	17 756
江西	3 725	3 564	3 469	3 174	3 156	3 204	4 432	4 558	5 432	6 029	6 194	7 000
山东	10 318	10 278	10 551	11 039	12 405	14 769	22 844	25 999	30 098	36 151	36 799	44 266
河南	10 256	9 791	9 814	9 342	9 513	9 113	11 890	11 051	12 152	13 514	14 977	17 879
湖北	7 144	6 729	6 250	6 199	6 405	6 617	6 978	7 415	8 167	8 998	9 671	13 342

续表

年份	1998	1999	2000	2001	2002	2003	2004	2005	2006	2007	2008	2009
湖南	4 317	4 504	4 319	4 384	4 884	5 279	6 765	7 100	7 986	10 206	10 539	12 746
广东	13 058	13 720	14 097	14 743	15 856	16 965	22 817	22 614	24 036	42 265	46 897	51 595
广西	2 786	2 665	2 690	2 603	2 532	2 521	3 275	3 213	3 535	4 409	4 685	5 530
海南	199	181	177	161	164	177	173	158	157	486	469	490
重庆	2 004	2 015	2 119	2 152	2 206	2 363	2 840	3 121	3 420	3 916	5 494	6 199
四川	8 855	8 567	8 538	8 745	9 466	10 532	15 547	16 725	18 353	10 711	12 172	12 939
贵州	1 756	1 818	1 806	1 686	1 804	1 836	2 169	2 171	2 157	2 289	2 341	2 680
云南	2 198	1 942	1 952	1 860	1 977	1 940	2 284	2 247	2 463	2 700	2 791	3 361
西藏	286	275	295	303	289	282	193	205	211	98	56	85
陕西	2 298	2 238	2 202	2 011	2 126	2 105	2 659	2 536	2 876	3 376	3 354	4 259
甘肃	1 685	2 131	2 607	2 758	2 859	2 620	2 002	1 671	1 684	1 845	1 650	1 912
青海	473	450	377	329	352	344	415	349	386	474	426	488
宁夏	446	432	367	371	375	410	620	633	704	747	809	951
新疆	1 647	1 468	1 334	1 174	1 175	1 168	1 335	1 328	1 361	1 575	1 587	1 941
合计	161 464	158 784	160 175	167 522	180 406	196 011	279 410	271 881	302 025	336 840	373 000	422 213

注：①许多样本对应的地区指标缺失，故按地区汇总的工业企业总数与按年份的汇总数存在差异。如1998年6 471个，1999年5 541个，2000年5 133个，2001年3 581个，2002年2 954个，2003年918个，2004年101个，2005年70个，2006年63个，2007年74个，2008、2009年0个；分别占当年工业企业总数的3.92%、3.42%、3.15%、2.12%、1.63%、0.47%、0.04%、0.03%、0.02%和0.02%。

②按照地址对企业所属省份进行修正，修正后结果为：1998年3 640个，1999年3 248个，2000年2 697个，2001年1 596个，2002年1 233个，2003年242个，2004—2009年0个，占当年工业企业总数比重分别降为2.2%、2.0%、1.7%、0.9%、0.7%、0.1%；

③2007年有37 714个样本地址与省份代码不相符，本书对此进行了修正。

附录4-7　不同行业工业企业数变化情况（个）

行业代码	1998	1999	2000	2001	2002	2003	2004	2005	2006	2007	2008	2009
6	3 202	2 795	2 666	2 609	2 821	3 139	5 317	5 789	6 798	7 539	8 810	8 601
7	76	75	82	90	84	112	184	174	175	185	301	306

续表

行业代码	1998	1999	2000	2001	2002	2003	2004	2005	2006	2007	2008	2009
8	576	578	598	645	696	913	1 688	2 087	2 495	2 899	3 827	3 889
9	1 416	1 428	1 439	490	1 291	1 278	1 503	1 531	1 862	2 183		2 245
10	1 850	1 817	1 770	1 752	1 714	1 828	2 230	2 243	2 602	3 005	3 947	4 102
11	25	19	20	20	17	14	13	14	16	24	26	26
12	634	564	498	431	383							
13	11 906	11 231	10 675	10 384	10 423	11 194	14 445	14 580	16 360	18 144	21 522	23 822
14	5 373	4 963	4 691	4 566	4 620	4 637	5 674	5 554	6 056	6 644	7 646	8 456
15	3 808	3 579	3 408	3 307	3 287	3 194	3 544	3 519	3 914	4 422	5 411	5 717
16	351	352	343	320	287	255	217	192	181	152	156	158
17	11 286	10 981	10 966	12 068	13 251	14 864	24 363	22 571	25 347	27 916	21 140	31 773
18	6 772	6 611	7 064	8 037	9 061	9 717	12 087	11 865	13 074	14 772	18 243	17 858
19	3 313	3 192	3 164	3 542	3 932	4 519	6 438	6 227	6 859	7 452	7 237	8 391
20	2 481	2 420	2 552	2 808	3 033	3 502	5 085	5 399	6 376	7 857	10 320	10 368
21	1 470	1 473	1 498	1 625	1 767	2 046	3 044	3 074	3 603	4 110	5 143	5 436
22	4 766	4 657	4 671	5 027	5 285	5 570	7 554	7 461	7 895	8 380	10 014	9 715
23	3 862	3 824	3 703	3 691	3 805	4 084	5 223	4 826	5 029	5 083	6 488	6 487
24	1 786	1 807	1 879	2 024	2 330	2 516	3 388	3 378	3 633	4 087	4 799	4 646
25	1 051	988	993	1 027	1 144	1 323	2 031	1 991	2 167	2 153	2 413	2 296
26	11 301	11 337	11 430	11 777	12 640	13 803	18 937	18 719	20 718	22 986	27 656	27 967
27	3 280	3 272	3 301	3 494	3 687	4 063	4 765	4 973	5 370	5 750	1 173	6 640
28	803	803	834	885	909	938	1 541	1 306	1 402	1 556	2 029	1 915
29	1 785	1 805	1 783	1 780	1 824	2 017	3 198	3 034	3 354	3 697	4 498	4 619
30	6 015	6 047	6 229	6 889	7 665	8 383	12 339	12 043	13 505	15 378	18 909	19 372
31	14 495	14 366	14 539	14 713	15 311	16 247	20 249	20 121	21 947	24 287	29 742	31 449
32	3 259	3 042	2 997	3 182	3 339	4 128	7 205	6 649	7 001	7 161	7 542	7 587
33	2 405	2 426	2 538	1 990	2 942	3 367	5 353	5 163	5 863	6 701		7 407

续表

行业代码	1998	1999	2000	2001	2002	2003	2004	2005	2006	2007	2008	2009
34	8 135	8 176	8 376	9 279	10 042	9 746	14 230	13 803	15 577	18 013	23 022	24 087
35	9 288	9 160	9 338	10 027	10 767	12 547	20 736	19 983	22 909	26 761	36 929	36 420
36	6 644	6 469	6 406	6 394	6 549	7 129	11 066	10 261	11 616	13 410	16 634	18 508
37	6 781	6 701	6 848	6 987	7 476	8 283	11 959	11 315	12 586	14 093	6 692	18 853
39	136	134	127		114	10 400	16 248	15 366	16 906	19 322	25 734	25 794
40	7 550	7 624	7 845	8 677	9 385	5 857	9 226	8 869	9 711	11 221	13 032	13 945
41	4 174	4 289	4 459	4 773	5 326	2 515	3 947	3 723	4 084	4 528	5 601	5 565
42	1 821	1 817	1 860	2 018	2 146	4 259	5 153	5 131	5 764	6 416	7 113	7 572
43	3 583	3 569	3 753	4 185	4 582	107	389	438	529	652	510	1 123
44	4 992	4 941	4 825	4 884	4 958	5 000	5 604	5 533	5 739	5 575	5 831	6 178
45	291	295	300	320	329	352	504	484	526	591	856	891
46	2 362	2 405	2 408	2 398	2 419	2 407	2 733	2 492	2 476	1 735	2 054	2 029

注：2001 年 3 个缺失值；相比 1998—2002 年，2003—2009 年指标统计发生变化。

附录 4-8 制造业按要素密集度划分

划分类型	具体行业
劳动密集型制造业	13. 农副食品加工业；14. 食品制造业；17. 纺织业；18. 纺织服装、鞋、帽制造业；19. 皮革、毛皮、羽毛（绒）及其制品业；20. 木材加工及木、竹、藤、棕、草制品业；21. 家具制造业；24. 文教体育用品制造业；31. 非金属矿物制品业；34. 金属制品业；42. 工艺品及其他制造业
资本密集型制造业	15. 饮料制造业；16. 烟草制品业；22. 造纸及纸制品业；23. 印刷业和记录媒介的复制；25. 石油加工、炼焦及核燃料加工业；26. 化学原料和化学制品制造业；28. 化学纤维制造业；29. 橡胶制品业；30. 塑料制品业；32. 黑色金属冶炼和压延加工业；33. 有色金属冶炼和压延加工业
技术密集型制造业	27. 医药制造业；35. 通用设备制造业；36. 专用设备制造业；37. 交通运输设备制造业；39. 电气机械和器材制造业；40. 通信设备、计算机及其他电子设备制造业；41. 仪器仪表及文化、办公用机械制造业；43. 废弃资源和废旧材料回收加工业

附录 4-9

(a) 2003—2009 年工业企业内部数变化（个）

年份		2003	2004	2005	2006	2007	2008	2009
采矿业		7 284	10 935	6 049	13 948	15 835	16 911	19 169
制造业	劳动密集型行业	83 247	114 156	111 703	124 596	139 698	155 927	173 858
	资本密集型行业	47 062	67 142	64 903	71 029	77 669	85 116	93 240
	技术密集型行业	50 901	78 336	74 928	83 711	95 737	106 305	126 848
电、热、燃气及水生产和供应业		7 759	8 841	8 509	8 741	7 901	8 741	9 098

(b) 2003—2009 年各类行业占制造业企业数比重（%）

年份	2003	2004	2005	2006	2007	2008	2009
劳动密集型行业	45.9	44.0	44.4	44.6	44.6	44.9	44.1
资本密集型行业	26.0	25.9	25.8	25.4	24.8	24.5	23.7
技术密集型行业	28.1	30.2	29.8	30.0	30.6	30.6	32.2

附录 4-10

(a) 2003—2009 年工业行业内部新企业诞生数变化

年份		2003	2004	2005	2006	2007	2008	2009
采矿业		339	899	744	561	684	796	607
制造业	劳动密集型行业	3 077	6 352	4 628	4 733	6 329	7 179	5 876
	资本密集型行业	1 866	3 785	2 475	2 448	3 100	3 044	2 560
	技术密集型行业	1 423	3 043	2 162	2 294	3 145	3 629	3 144
电、热、燃气及水生产和供应业		145	262	231	144	129	199	181

（b）新诞生不同要素密集度制造业占新增工业企业比重（%）

年份	2003	2004	2005	2006	2007	2008	2009
劳动密集型行业	44.92	44.29	45.20	46.49	47.28	48.35	47.51
资本密集型行业	27.24	26.39	24.17	24.05	23.16	20.50	20.70
技术密集型行业	20.77	21.22	21.11	22.53	23.49	24.44	25.42

附录4-11 按行业划分制造业企业数

制造行业	企业数（个）
农副食品加工业	103 838
食品制造业	47 124
酒、饮料和精制茶制造业	38 028
烟草制品业	383
纺织业	108 033
纺织服装、服饰业	120 785
皮革、毛皮、羽毛及其制品和制鞋业	55 911
木材加工和木、竹、藤、棕、草制品业	70 065
家具制造业	45 944
造纸和纸制品业	53 676
印刷和记录媒介复制业	66 694
文教、工美、体育和娱乐用品制造业	75 045
石油加工、炼焦和核燃料加工业	6 811
化学原料和化学制品制造业	101 535
医药制造业	18 851
化学纤维制造业	5 937
橡胶和塑料制品业	138 963
非金属矿物制品业	213 275
黑色金属冶炼和压延加工业	37 312
有色金属冶炼和压延加工业	25 925
金属制品业	190 520
通用设备制造业	216 593

续表

制造行业	企业数（个）
专用设备制造业	143 228
汽车制造业	54 048
铁路、船舶、航空、航天及其他运输设备制造业	25 930
电气机械和器材制造业	137 998
计算机、通信和其他电子设备制造业	73 385
仪器仪表制造业	29 743
其他制造业	22 879
废弃资源综合利用业	9 395
金属制品、机械和设备修理业	13 340

资料来源：第三次经济普查数据。

附录 4-12　按营业状态划分行业制造业企业数（个）

制造业企业	总计	营业	停业（歇业）	筹建	当年关闭	当年破产	其他
农副食品加工业	103 838	91 544	6 173	2 814	2 073	358	875
食品制造业	47 124	41 170	2 942	1 568	955	174	315
酒、饮料和精制茶制造业	38 028	33 176	2 483	1 274	708	128	259
烟草制品业	383	353	14	3	2	1	10
纺织业	108 033	94 123	7 583	2 423	2 907	333	664
纺织服装、服饰业	120 785	102 514	9 898	3 272	3 782	281	1 038
皮革、毛皮、羽毛及其制品和制鞋业	55 911	47 786	4 191	1 638	1 561	171	564
木材加工和木、竹、藤、棕、草制品业	70 065	61 892	4 156	1 553	1 725	274	465
家具制造业	45 944	40 217	2 754	1 521	957	95	400
造纸和纸制品业	53 676	47 380	3 258	1 309	1 232	123	374
印刷和记录媒介复制业	66 694	61 841	2 665	788	947	107	346
文教、工美、体育和娱乐用品制造业	75 045	64 649	5 175	2 517	1 922	139	643
石油加工、炼焦和核燃料加工业	6 811	5 461	676	415	172	35	52

续表

制造业企业	总计	营业	停业（歇业）	筹建	当年关闭	当年破产	其他
化学原料和化学制品制造业	101 535	86 965	7 550	3 684	2 257	311	768
医药制造业	18 851	16 023	1 134	1 167	305	45	177
化学纤维制造业	5 937	5 108	405	216	142	24	42
橡胶和塑料制品业	138 963	122 621	8 412	4 030	2 779	252	869
非金属矿物制品业	213 275	183 086	15 817	6 861	4 921	802	1 788
黑色金属冶炼和压延加工业	37 312	32 013	3 171	804	960	132	232
有色金属冶炼和压延加工业	25 925	21 713	2 264	980	689	81	198
金属制品业	190 520	165 695	12 815	6 368	3 934	301	1 407
通用设备制造业	216 593	190 977	13 261	6 934	3 782	356	1 283
专用设备制造业	143 228	125 846	8 346	5 448	2 402	233	953
汽车制造业	54 048	47 214	3 061	2 527	765	97	384
铁路船舶航空航天其他运输设备制造业	25 930	22 416	1 827	867	585	56	179
电气机械和器材制造业	137 998	119 439	9 117	5 343	2 754	219	1 126
计算机、通信和其他电子设备制造业	73 385	65 472	3 518	2 519	1 251	91	534
仪器仪表制造业	29 743	26 645	1 576	886	407	19	210
其他制造业	22 879	19 426	1 733	947	528	40	205
废弃资源综合利用业	9 395	7 357	1 062	509	341	34	92
金属制品、机械和设备修理业	13 340	11 579	1 028	343	286	21	83

资料来源：第三次经济普查数据。

附录 4-13　按地区划分制造业企业数

地区	企业数（个）	地区	企业数（个）
北京	33 012	湖北	60 193
天津	44 650	湖南	59 899
河北	93 558	广东	300 921

续表

地区	企业数（个）	地区	企业数（个）
山西	21 584	广西	24 212
内蒙古	15 436	海南	2 661
辽宁	82 968	重庆	42 593
吉林	19 345	四川	48 272
黑龙江	24 420	贵州	21 688
上海	79 596	云南	17 137
江苏	346 757	西藏	622
浙江	365 224	陕西	28 220
安徽	71 449	甘肃	12 669
福建	86 135	青海	2 997
江西	44 176	宁夏	5 037
山东	183 168	新疆	12 322
河南	100 273		

附录 4-14　按营业状态划分地区制造业企业数

	总计	营业	停业（歇业）	筹建	当年关闭	当年破产	其他
北京	33 012	27 723	4 240	246	535	18	250
天津	44 650	36 411	4 235	1 048	2 477	79	400
河北	93 558	79 444	7 087	4 867	1 429	347	384
山西	21 584	16 926	3 088	995	364	84	127
内蒙古	15 436	12 719	1 591	764	228	58	76
辽宁	82 968	65 651	12 364	2 518	1 495	210	730
吉林	19 345	16 567	1 800	514	251	75	138
黑龙江	24 420	20 965	2 343	591	309	54	158
上海	79 596	76 947	1 730	593	170	7	149
江苏	346 757	308 138	21 859	8 646	6 386	400	1 328

续表

	总计	营业	停业（歇业）	筹建	当年关闭	当年破产	其他
浙江	365 224	300 683	34 862	15 527	10 697	660	2 795
安徽	71 449	56 467	5 932	5 555	2 721	348	426
福建	86 135	70 086	6 431	4 272	3 243	260	1 843
江西	44 176	38 965	1 702	1 864	1 237	104	304
山东	183 168	168 156	6 982	3 226	3 012	715	1 077
河南	100 273	93 308	3 068	869	1 424	511	1 093
湖北	60 193	53 394	2 833	2 493	734	156	583
湖南	59 899	52 954	2 955	815	2 153	423	599
广东	300 921	274 234	10 559	7 378	5 632	236	2 882
广西	24 212	20 180	1 762	995	915	88	272
海南	2 661	2 246	237	105	35	9	29
重庆	42 593	39 814	1 176	941	454	50	158
四川	48 272	43 890	1 956	1 599	501	113	213
贵州	21 688	18 603	1 235	1 395	264	76	115
云南	17 137	14 603	1 448	733	204	35	114
西藏	622	553	35	28	5	1	0
陕西	28 220	25 502	1 303	673	627	77	37
甘肃	12 669	10 662	1 079	545	226	77	80
青海	2 997	2 367	304	271	23	12	20
宁夏	5 037	3 903	586	285	182	21	60
新疆	12 322	9 640	1 283	1 177	98	29	95

资料来源：第三次经济普查数据。

5 社保缴费能力和负担对企业诞生的影响

5.1 新企业诞生理论分析

新企业是技术创新与经济增长的源泉（Reyonlds，1988）。美国斯坦福大学产学研结合的成功案例，以及其培育和扶持的新企业对硅谷崛起的作用，都很好地证明了这一点。新企业诞生（或进入），既是市场重新配置资源的需要，也可能受到垄断因素的影响，或者两种影响因素相互交织。

许多以发达经济体为背景的相关研究表明，企业的筹建、营业或关闭等营业状态的转变过程，会在市场经济运行中自行产生一种创造性的毁灭过程。由于新企业进入带来的资源动态再配置所引发的全要素生产率提高，将占到全部生产率提高的30%~50%（Foster et al.，2008）。从某种意义上，企业的进入或退出客观上会产生报酬递增现象（蔡昉，2013）。但新企业的进入与经济增长的关系经常被主流经济学所忽视，如新古典增长理论或新增长理论都过分强调已有企业通过规模调整引发的市场资源静态再配置过程对经济增长的贡献，忽视了以市场进入为主导的资源动态配置过程的经济增长效应（Dunne et al.，2013）。现在企业进入的经济增长效应正逐步得到学术界的重视，如李坤望和蒋为（2015）利用1998—2007年的中国制造业企业层面数据，检验了制造业企业市场进入率与地区经济增长率之间存在明显的正向关系，新进入企业占制造业新增产值的均值虽然仅为7.5%，但为经济增长作出的平均贡献率却高达46.3%。

国内外学者对企业进入的影响因素展开了一系列定量的分析。国外相关研究中，Orr（1974）利用企业进入限价模型析出加拿大制造业企业进入影响因素，认为企业进入是进入壁垒的函数，具体包括利润率、产出增长率、供给效应、资本需求、广告投入、研发投入、市场风险以及产业密集度等；Backer & Sleuwaegen（2003）基于比利时制造业数据分析外来竞争和国外直接投资对新企业进入的影响，发现存在短期和长期效应，即短期内将阻碍国内新企业的诞生，但长期看会影响外资企业本身的市场进入；Lomi（2000）基于组织生态学视角，分析了产业空间密度对1846—1989年丹麦商业银行组织新进入的影响。

国内研究中，周浩等（2015）分析了企业集聚对新建企业选址的影响；龙小宁等（2015）从融资环境视角，分析了产业集聚对企业履约的影响；杨汝岱等（2015）分别从市场潜力和地方保护两个角度比较了二者对企业成长的影响。关于劳动力成本与企业诞生关系的分析较少。劳动力因素既包含市场成分，也包含政策干预成分，对新企业诞生必然产生影响，其影响的中介可能是劳动力数量、人力资本、劳动政策等。本书第4章和第5章将企业社保缴费作为劳动力成本的替代变量，实证考察了劳动力成本与企业诞生的关系。

5.2　计量模型

组织诞生数量是一种非负整数，在统计中通常被称为计数数据

(Count Data)。实证分析中，被解释变量是计数数据时，应该首先考虑计数模型，主要包括泊松回归模型和负二项回归模型。相比之下，泊松回归模型中预设条件过于苛刻，即数据的期望与方差相等。实践中，计数数据的方差经常明显大于期望，即存在过度分散（Overdispersion），因此负二项回归模型更常见于企业诞生问题的实证研究中。

负二项回归模型，首先假设数据样本来自“负二项分布”(Negative Binomial Distribution)，然后使用最大似然法（MLE）进行估计。负二项分布，即在独立的实验中，第 n 次成功之前失败次数的分布。假设一个事件在一次试验中成功的概率为 θ（$0<\theta<1$），记 Y 表示在第 J 次成功之前失败的总次数，则离散随机变量 Y 的概率密度函数为：

$$P(Y = y \mid \theta, J) = C_{y+j+1}^{J-1}\theta^{J}(1-\theta)^{y} \quad (y = 0, 1, 2, 3\cdots)$$

具体实证方程可表示为：

$$P(Y = y) = \alpha_0 + \alpha_i \sum S_i + X_i'\beta_i + \lambda_c + \varepsilon_i$$

其中，$\sum S_i$ 为主要解释变量，即企业社保缴费能力和缴费负担；X_i 表示其他影响企业诞生的因素；λ_c 表示控制变量；ε_i 表示随机干扰项。

5.3 变量选取

本部分数据来源主要是 2013 年第三次经济普查，以及 2014 年《中国统计年鉴》。实证分析中将省份和工业行业（或制造行业）的交叉作为一个样本单位。我们将工业和制造业分别讨论，实证分析企业社保缴费对地区新筹建企业数量的影响。

主要的解释变量是企业社保缴费能力和缴费负担（具体解释详见

第2章)。为了控制地区和行业因素对企业筹建数量的影响，分析中加入了省份和行业交叉的从业人员平均人数、规模以上企业应付员工薪酬、企业总数、营业状态企业数、关闭状态企业数、固定资产投资净值、工业销售产值、全部规模企业利润总额、规模以上企业利润总额，以及应交增值税等变量，并进行对数化处理[①]。

进一步将工业行业划分为三类，即垄断行业、竞争行业、其他行业（岳希明等，2010；岳希明和蔡萌，2015）。按照岳希明等（2010）的划分标准，垄断行业典型特征是：行业内企业个数少、国有企业占主体，农民工比重低；竞争行业典型特征则是行业内企业个数多，农民工比重大。由于汇总数据限制，很多大类行业无法界定是否属于垄断或竞争行业，故单独列为其他行业[②]。

5.4 实证结果及解释

从表5-1的实证分析结果可以看出，企业社保缴费对工业和制造业企业筹建数量产生一定影响，但影响力较弱。模型3和6中，企业社保缴费能力每提高10%，将使工业企业和制造业企业筹建数量分别增加0.07和0.13个；模型2和5中，企业社保缴费负担每提高10%，将使得工业企业和制造业企业筹建数量分别减少0.26和0.31个。但不可否认，企业社保缴费对企业筹建数量影响显著，影响程度较弱可能源于社保缴费能力和缴费负担的测算较为粗糙，或者因汇总数据特有的问

① 需要说明的是，本部分实证分析采用的是国家统计局第三次经济普查汇总数据；与下文实证部分的变量选取不一致，主要是由于可获得的第三次经济普查指标数据较少。

② 第三次经济普查数据执行国民经济行业分类（GB/T 4754—2011），而岳希明（2010）行业分类执行国民经济行业分类（GB/T 4754—2002）。

题。此外，模型 1 至 6 中，社保缴费对制造业企业新筹建数的影响比工业企业大。这说明我国制造业企业集中于劳动密集型，社保负担是影响企业规模扩张的重要因素。

表 5-1　工业制造业企业筹建数量实证结果

被解释变量	工业企业筹建数			制造业企业筹建数		
	模型 1	模型 2	模型 3	模型 4	模型 5	模型 6
社保缴费能力	0.055 7*** (0.003 5)		0.007 4** (0.003 5)	0.064 1*** (0.004 0)		0.013 2*** (0.003 7)
社保缴费压力		-0.025 7*** (0.002 7)	-0.007 4*** (0.002 2)		-0.030 9*** (0.003 0)	-0.010 4*** (0.002 3)
从业人员平均人数			-0.111 2* (0.058 6)			0.052 1 (0.064 4)
规模以上企业应付员工薪酬			0.113 5** (0.046 7)			0.003 4 (0.057 2)
企业总数			4.543 7*** (0.261 7)			6.854 0*** (0.358 1)
营业状态企业数			-3.573 3*** (0.251 1)			-5.913 2*** (0.349 9)
关闭状态企业数			-0.089 6*** (0.031 5)			-0.100 0*** (0.031 8)
固定资产投资			0.137 2*** (0.036 3)			0.069 9 (0.047 3)
工业销售产值			0.089 5 (0.064 8)			-0.075 1 (0.074 6)
全部规模企业利润总额			0.085 4** (0.037 0)			0.123 1*** (0.042 1)
规模以上企业利润总额			-0.019 1 (0.045 9)			0.117 0** (0.055 4)

续表

被解释变量	工业企业筹建数			制造业企业筹建数		
	模型 1	模型 2	模型 3	模型 4	模型 5	模型 6
应交增值税			-0.191 2*** (0.050 6)			-0.121 9** (0.052 6)
常数项	2.768 9*** (0.089 2)	5.382 7*** (0.133 8)	-5.440 8*** (0.406 5)	2.689 0*** (0.101 3)	5.776 5*** (0.150 3)	-5.308 6*** (0.443 2)
样本量	1 145	1 145	726	884	884	605

注：***、** 和 * 分别表示在 1%、5%和 10%的水平上统计显著；( ) 内为系数的标准差。

模型 3 和 6 中，从业人员平均人数和规模以上企业应付员工薪酬两个变量，对工业和制造业新筹建企业数的影响差异较大；企业总数增加 1%，分别使工业和制造业企业新筹建数增加 4.5 和 6.9 个，且 1%水平上统计显著；营业状态企业数和关闭状态企业数每增加 1%，分别使新筹建工业和制造业企业数减少 3.6 和 5.9 个、0.09 和 0.1 个，且 1%水平上统计显著；（规模以上）企业利润将对新筹建制造业企业数量产生显著正效应；应交增值税每提高 10%，使得工业和制造企业新筹建数分别减少 1.9 和 1.2 个，且 1%水平上统计显著。

从表 5-2 实证结果可以看出，社保缴费能力对新企业诞生存在正向影响，而社保缴费负担的影响较复杂，但影响力较小。具体看来，在垄断行业中，对企业筹建数的影响，社保缴费能力为正，社保缴费负担为负（压力），统计均不显著；这可能与垄断行业以正式用工为主，很难规避社保缴费负担有关。竞争行业中，对企业筹建数的影响，社保缴费能力为正，社保缴费负担（压力）为正；竞争行业农民工就业人数多，企业能规避部分社保缴费，社保缴费压力呈显著影响亦不难理解；其他行业中，社保缴费能力和负担（压力）对企业筹建数，分别存在正向和负向影响，在 5%统计水平上显著。详见表 5-2。

表 5-2　分组的工业企业筹建数量实证结果

被解释变量	工业企业筹建数		
组别	垄断行业	竞争行业	其他行业
社保缴费能力	0.001 6 (0.009 5)	0.006 4 (0.005 7)	0.008 8 ** (0.004 5)
社保缴费压力	-0.000 6 (0.006 6)	0.008 3 ** (0.003 5)	-0.006 8 ** (0.003 0)
从业人员平均人数	0.142 2 (0.142 7)	0.051 3 (0.103 6)	-0.006 8 (0.095 9)
规模以上企业应付员工薪酬	-0.294 8 ** (0.121 1)	-0.046 1 (0.091 9)	0.127 6 * (0.070 0)
企业总数	6.170 6 *** (0.895 6)	7.325 3 *** (0.563 5)	3.821 4 *** (0.296 3)
营业状态企业数	-5.326 7 *** (0.834 1)	-6.295 9 *** (0.539 5)	-2.850 0 *** (0.284 1)
关闭状态企业数	-0.421 1 *** (0.111 9)	-0.118 0 ** (0.050 0)	-0.035 5 (0.040 9)
固定资产投资	0.367 9 *** (0.141 1)	0.066 9 (0.070 2)	0.027 0 (0.070 3)
工业销售产值	0.218 6 (0.207 0)	-0.102 2 (0.120 5)	0.041 8 (0.096 6)
全部规模企业利润总额	0.056 6 (0.049 6)	0.219 2 *** (0.073 2)	0.090 6 (0.056 5)
规模以上企业利润总额	0.023 9 (0.063 9)	0.063 0 (0.084 8)	0.064 2 (0.075 8)
应交增值税	-0.381 4 * (0.208 4)	-0.195 2 *** (0.073 0)	-0.225 0 *** (0.081 4)
常数项	-4.097 1 *** (1.025 6)	-5.222 8 *** (0.682 8)	-5.236 2 *** (0.588 8)
样本量	52	299	375

注：① *** 、** 和 * 分别表示在 1%、5%和 10%的统计水平上显著；( ) 内为系数的标准差。

②由于垄断制造业样本量极少，故实证结果未列出。

本部分结果验证了企业社保缴费对企业筹建数量产生影响的事实。不同省份企业社保缴费能力和缴费负担均对新筹建企业数量产生显著影响，但影响程度较小；这可能源于社保缴费能力和缴费负担的测算较为粗糙，或者汇总数据特有问题。相比全部工业企业，社保缴费对制造业企业新筹建数影响程度更大；这可能由于我国制造业企业集中于劳动密集型，劳动力成本是制约企业规模扩张重要因素。

此外，在对工业和制造业企业筹建数的影响上，从业人员平均人数存在反向影响；规模以上企业应付员工薪酬存在正向影响；企业总数存在显著正向影响；而营业状态企业数、关闭状态企业数存在负向影响；（规模以上）企业利润将对新筹建制造业企业数量产生显著正效应；应交增值税存在负向影响等（徐凤辉和赵忠，2015）。

6 社保缴费率对企业诞生的影响

6.1 计量模型

类似于上一章实证分析企业平均社保缴费能力和缴费负担对工业（制造业）企业诞生的影响，本部分依然采用负二项回归模型（关于计数模型和负二项回归模型的详细介绍见第 5 章相关内容）。本部分具体实证方程可表示为：

$$P(Y = y) = \alpha_0 + \alpha_i \sum S_i + X_i'\beta_i + \lambda_c + \varepsilon_i$$

其中，表示在企业社保缴费率对企业诞生的影响中，$\sum S_i$ 分别表示企业养老和医疗保险缴费率、企业工伤和失业保险缴费率，以及企业住房公积金和住房补贴-工资总额比重。X_i 表示其他影响企业诞生的因素；λ_c 表示控制变量；ε_i 表示随机干扰项。

6.2 数据来源

本部分实证分析主要利用中国工业企业数据库。中国工业企业数据库由国家统计局建立，主要来自样本企业上报的季度或年度报表的微观数据。该数据库的官方定义是“全部国有及规模以上非国有工业企业”

数据库，但实际上企业样本也包含规模以下非国有工业企业，多数学者相关研究设计的年份是1999—2007年①。根据本书对数据库的梳理，发现各时期数据库包含的统计指标发生了较大变化，具体可分为1998—2003年，2004—2007年，2008—2009年②。

本部分实证研究利用的是工业企业数据库2007年数据，主要基于以下几点考虑：①中国工业企业数据库涵盖了全部国有及规模以上非国有工业企业，规避了规模以下非国有工业企业不缴纳社会保险费的现象；②2004—2007年数据库内容同时包含劳动和失业保险、养老和医疗保险、住房公积金和住房补贴、本年应付工资总额等指标；③相比以往年份数据，2007年包含的企业样本量更大；④2007年是本书可获得的最新的相关年份数据。

本部分的被解释变量和主要的解释变量是由企业层面的微观数据汇总而成的城市级数据。实证部分，城市层面企业的平均社保缴费率均通过缴纳法定社保缴费的企业真实的社保缴费率汇总而成，而将不缴纳法定社保缴费的企业排除在外。在汇总前，本书将企业层面的变量值进行了初步处理：

其一，将养老和医疗保险费占本年应付工资总额比率——其值小于0和大于50%——作缺失值处理（4 580个样本）。根据我国相关法律规定，企业社会保险缴费中，养老保险约为20%，医疗保险约为10%，加上企业补充养老和医疗保险，企业养老和医疗保险占工资总额比重应小于50%。

其二，将工伤和失业保险费占本年应付工资总额比率——小于0和大于20%——作缺失值处理。根据我国相关法律规定，企业社会保险缴

① 参见：聂辉华，江艇，杨汝岱．中国工业企业数据库的使用现状和潜在问题［J］．世界经济，2012（5）．

② 关于该数据更详尽的描述参见聂辉华等（2012）。

费中，工伤保险约为1%，生育保险约为0.8%，失业保险约为1%，三项之和占工资总额比重最大不应超过20%（7 241个样本）。

其三，住房公积金缴费率约为5%~20%。2008年，福州市住房公积金缴费比例5%~12%，而咸阳市住房公积金缴费比例10%~20%，通常住房公积金缴费基数相当于最低工资水平，若以住房公积金缴费除以本年应付工资总额，其比率应该更低。因此，本书将住房公积金和住房补贴占本年应付工资总额比率——小于0和大于20%——作缺失值处理（3 935个样本）。

6.3 变量选取

本部分实证分析采用使用城市级别的企业汇总数据，即将每个城市汇总数据作为新的样本单位。在汇总的新数据中，每个城市以新诞生的工业企业数作为被解释变量；主要的解释变量是每个城市企业的劳动保险和失业保险、养老和医疗保险、住房公积金和住房补贴水平，通过该城市各企业的劳动和失业保险、养老和医疗保险、住房公积金和住房补贴分别占该企业本年应付工资总额的比重的平均值表示。

按照不同的组别，本书考察企业诞生影响因素以及社保缴费在其中所起的作用。本部分分成两组讨论：

按照不同所有制划分，主要考察国有及集体企业、私营企业、港澳台商及外商投资企业工业企业诞生数（具体分类见附录6-1）[①]。

---

① 参照：施炳展，逯建，王有鑫．补贴对中国企业出口模式的影响：数量还是价格？[J]．经济学（季刊），2013（4）．

邵敏，包群．出口企业转型对中国劳动力就业与工资的影响：基于倾向评分匹配估计的经验分析 [J]．世界经济，2011（6）．

张伯伟，沈得芳．政府补贴与企业员工就业：基于配对倍差法的实证分析 [J]．经济学动态，2015（10）．

按照不同要素密集度划分，主要考察劳动密集型制造业、资本密集型行制造业、技术密集型行制造业企业诞生数（具体分类见附录 6-2）[①]。

此外，还包括企业数量控制变量和其他控制变量。其中，企业数量控制变量包括企业总数、国有及集体企业数、私营企业数、港澳台（外）商投资企业数、其他注册类型企业数、采掘业企业数、劳动密集型制造业企业数、资本密集型制造业企业数、技术密集型制造业企业数以及电、热、燃气及水生产供应业企业数；其他控制变量包括出口交货值比重、工业增加值比重、政府的企业补贴、职工人数。详见表 6-1、表 6-2。

表 6-1 变量选取与定义

变量名称			变量定义
被解释变量		企业诞生总数	城市新诞生工业企业数（个）
	不同注册类型企业数	国有及集体企业诞生数	城市新诞生国有及集体工业企业数（个）
		私营企业诞生数	城市新诞生私营工业企业数（个）
		港澳台（外）商投资企业诞生数	城市新诞生港澳台商及外商投资工业企业数（个）
	不同要素密集度企业数	劳动密集型制造企业诞生数	城市新诞生劳动密集型制造业企业数（个）
		资本密集型制造企业诞生数	城市新诞生资本密集型制造业企业数（个）
		技术密集型制造企业诞生数	城市新诞生技术密集型制造业企业数（个）

① 参照 LALL S. The Technological Structure and Performance of Developing Country Manufactured Exports, 1985-1998 [J]. Oxford Development Studies, 2000, 28 (3): 337-1969. 张伯伟和沈得芳 (2015) 等的分类方法。

吕铁，王海成．劳动力市场管制对企业技术创新的影响：基于世界银行中国企业调查数据的分析 [J]. 中国人口科学，2015 (4).

续表

变量名称			变量定义
解释变量	主要解释变量	养老和医疗保险费率	城市养老保险和医疗保险占工资总额平均比重（%）
		劳动和失业保险费率	城市劳动和失业保险占工资总额平均比重（%）
		住房公积金和住房补贴费率	城市住房公积金和住房补贴占工资总额平均比重（%）
	企业数量控制变量	企业总数	城市工业企业总数（取对数）
		国有及集体企业数	城市国有及集体企业数（取对数）
		私营企业数	城市私营企业数（取对数）
		港澳台（外）商投资企业数	城市港澳台商及外商投资企业数（取对数）
		其他注册类型企业数	城市其他类型企业数（取对数）
		采掘业企业数	城市采掘业企业数（取对数）
		劳动密集型制造业企业数	城市劳动密集型制造业企业数（取对数）
		资本密集型制造业企业数	城市资本密集型制造业企业数（取对数）
		技术密集型制造业企业数	城市技术密集型制造业企业数（取对数）
		电、热、燃气及水生产供应业企业数	城市电力、热力、燃气及水生产和供应业企业数（取对数）
	其他控制变量	出口交货值比重	城市出口交货值占工业销售产值平均比重（%）
		工业增加值比重	城市工业增加值占工业总产值平均比重（%）
		政府的企业补贴	城市企业来自政府的补贴收入（取对数）
		职工人数	城市全部职工人数（取对数）

注：均为通过 2007 年中国工业企业数据企业层面微观数据汇总而成的地市级数据指标。

表 6-2　主要变量描述统计结果

变量	观测值	均值	标准差	最小值	最大值
企业诞生总数	355	37.709 86	72.848 64	0	823
国有及集体企业诞生数	355	0.633 803	1.224 046	0	11
私营企业诞生数	355	24.630 99	51.141 18	0	543
港澳台（外）商投资企业诞生数	355	5.095 775	15.130 2	0	179

续表

变量	观测值	均值	标准差	最小值	最大值
劳动密集型制造业企业诞生数	355	17.828 17	36.594 99	0	336
资本密集型制造业企业诞生数	355	8.732 394	16.213 58	0	183
技术密集型制造业企业诞生数	355	8.859 155	22.783 86	0	301
养老和医疗保险费率	355	6.11	3.14	0.71	25.55
劳动和失业保险费率	355	1.08	0.82	0	7.24
住房公积金和住房补贴费率	355	0.95	0.88	0	8.17
企业总数	355	948.85	1 651.75	2	14 826
国有及集体企业数	355	70.92	115.91	0	1 318
私营企业数	355	498.90	879.96	0	7 265
港澳台（外）商投资企业数	355	190.05	584.20	0	5 858
其他注册类型企业数	355	188.98	299.91	0	2 957
采掘业企业数	355	44.61	59.27	0	317
劳动密集型制造业企业数	355	393.52	698.23	0	5 326
资本密集型制造业企业数	355	218.79	371.70	0	3 509
技术密集型制造业企业数	355	269.68	632.53	0	5 919
电、热、燃气及水生产供应业企业数	355	22.26	17.49	0	111
出口交货值比重	355	6.58	9.13	0	59.58
工业增加值比重	352	33.89	7.15	16.96	64.60
政府的补贴总额	355	236 797	460 762	0	4 261 334
职工人数	355	221 952	376 687	76	3 038 145

6.4 基本实证结果及解释

对于社保缴费与企业诞生的关系，现有研究文献偏少。本书实证研究结果对这一问题给出了明晰的解释。模型设计中，本书预期养老和医疗保险缴费率的影响系数为负，工伤和失业保险缴费率的影响系数为负，住房公积金和住房补贴-工资比率的影响系数也为负，但实证结果一定程度上超出预期。从表 6-3 中可以看出，各社会保险项目对企业诞生数的影响显著。表 6-3 的模型 1 至模型 4 中，养老和医疗保险缴费率每提高 1%，企业诞生数量将减少 0. 09~0. 1 个，且在 1%水平上统计显著；工伤和失业保险缴费比率每增加 1%，企业诞生数量将增加 0. 3~0. 32 个，且在 1%水平上统计显著；住房公积金和住房补贴-工资比率每增加 1%，企业诞生数量将减少 0. 17~0. 25 个，且至少在 10%水平上统计显著。由此不难得出结论，一个城市的企业社保缴费与工业企业诞生之间存在显著关系①。

表 6-3　工业企业诞生影响因素基本实证结果

被解释变量：2007 年该城市工业企业新诞生数（个）				
	模型 1	模型 2	模型 3	模型 4
养老和医疗保险费率	-0. 094*** (0. 025)	-0. 097*** (0. 026)	-0. 086*** (0. 026)	-0. 086*** (0. 026)
工伤和失业保险费率	0. 298*** (0. 089)	0. 299*** (0. 096)	0. 309*** (0. 099)	0. 315*** (0. 105)
住房公积金和住房补贴费率	-0. 238*** (0. 095)	-0. 166* (0. 101)	-0. 247*** (0. 098)	-0. 235** (0. 105)
企业总数	1. 001*** (0. 045)			
国有及集体企业数		-0. 133 (0. 092)		-0. 243** (0. 113)
私营企业数		0. 582*** (0. 087)		0. 186 (0. 191)
港澳台（外）商投资企业数		0. 166*** (0. 053)		0. 199** (0. 101)

① 工业企业是指国有及规模以上非国有工业企业。

续表

被解释变量：2007 年该城市工业企业新诞生数（个）				
	模型 1	模型 2	模型 3	模型 4
其他注册类型企业数		0.255** (0.110)		0.051 (0.144)
采掘业企业数			0.143*** (0.041)	0.119** (0.052)
劳动密集型制造业企业数			0.819*** (0.100)	0.612*** (0.167)
资本密集型制造业企业数			−0.098 (0.113)	−0.173 (0.175)
技术密集型制造业企业数			0.113* (0.070)	0.112 (0.090)
电、热、燃气及水生产供应业企业数			0.041 (0.100)	0.092 (0.106)
出口交货值比重				−0.024** (0.010)
工业增加值比重				−0.001 (0.012)
政府的补贴总额				−0.069 (0.063)
职工人数				0.043 (0.141)
常数项	−2.649*** (0.304)	−0.968*** (0.350)	−1.349*** (0.325)	−0.530 (1.198)
样本量	355	328	321	304
LR Chi2 统计量 p 值	0.000	0.000	0.000	0.000
似然比检验 p 值	0.000	0.000	0.000	0.000

注：***、** 和 * 分别表示在 1%、5%和 10%的水平上统计显著；( ) 内为系数的标准差。

从实证结果还能看出，除社保缴费外，原有的企业数量也是影响一个城市工业企业诞生的重要因素。在表 6-3 的模型 1 中，城市工业企业数量每增加 1%，企业诞生数量将增加 1 个，且在 1%的水平上统计显著。但企业数量对企业诞生的影响机制并非线性的，而是更为复杂的过程。

6.4.1　不同注册类型企业数对企业诞生总数的影响

国有及集体企业影响为负，即国有及集体企业数每增加 1%，企业诞生数量将减少 0.24 个，且在 5%水平上统计显著（表 6-3 模型 4）；私营企业影响为正，即私营企业数每增加 1%，企业诞生数量将增加 0.58 个，且在 1%水平上统计显著（表 6-3 模型 2）；港澳台（外）商投资企业影响为正，即港澳台商及外商投资企业数每增加 1%，企业诞生数量将增加 0.2 个，且在 5%水平上统计显著（表 6-3 模型 4）；其他类型企业影响为正，即其他类型企业数每增加 1%，企业诞生数量将增加 0.26 个，且在 5%水平上统计显著（表 6-3 模型 2）。

可见，一个城市国有及集体企业越多，该地区企业诞生数量越少；非国有、非集体企业越多，该地区企业诞生数量越多。这反映出市场化运行机制是促进“大众创业”，增加企业数量的重要变量。

6.4.2　不同要素密集度制造业企业数对企业诞生总数的影响

采掘业影响为正，即采掘业的企业数每增加 1%，企业诞生数量将增加 0.12 个，且在 5%水平上统计显著（表 6-3 模型 4）；劳动密集型制造业影响为正，即劳动密集型制造业企业数每增加 1%，企业诞生数量将增加 0.61~0.82 个（表 6-3 模型 3 和模型 4），且都在 5%水平上统计显著；资本密集型制造业影响为负但统计不显著；技术密集型制造业影响为正，即技术密集型制造业企业数每增加 1%，企业诞生数量将增加 0.11 个（表 6-3 模型 3），且都在 10%水平上统计显著；电、热、燃气及水的生产和供应业的影响为正，但统计不显著。

可见，一个城市采掘业、劳动密集型制造业、技术密集型制造业企业数越多，该地区工业企业诞生总数越多；资本密集型制造业企业越多，反而会限制该地区企业诞生总数的增加。这反映出劳动密集型制造业对我国工业的贡献较大，对劳动密集型制造业企业产业升级持更谨慎态度，能够更好权衡劳动密集型制造业的就业创造能力；劳动密集型制造业企业在向资本、技术密集型企业转型过程中，由于“资本挤占劳动”和“技术挤占劳动”现象的存在，更合理的方向是在发展资本和技术密集型制造业的同时保持劳动密集型制造业企业数量的稳定；只有这样的“万众创新”才不会对“大众创业”产生负面影响。

6.4.3 其他控制变量

出口交货值占工业销售产值平均比重每增加1%，企业诞生数量将减少0.02个，且在5%水平上统计显著。2001年我国加入世界贸易组织之后，制造业的外贸依存度持续增高，截止到2010年，我国的外贸依存度达60%，而美国约为16%（段敏芳和徐凤辉，2012）。对出口的过度依赖会增加工业产品销售风险，一个地区出口交货值比重越大，工业企业诞生后的存活率越低。此外，工业增加值占工业总产值平均比重、企业来自政府的补贴总额两个变量对企业诞生的影响为负，但不显著；职工人数对一个地区工业企业诞生的影响也不显著，因为支撑中国劳动力跨地区流动的基础设施建设已较为完备。

6.5 不同注册类型工业企业诞生影响因素实证分析

6.5.1 国有及集体工业企业诞生影响因素实证结果

国有企业的产权归国家所有，是关系国民经济命脉的行业，无论资本主义经济、社会主义经济，还是计划经济、市场经济，都存在国有企业。而集体经济在我国是以农村村民自治、农业土地集体所有，农民联合经营企业的形式体现的。随着我国经济体制改革的深化，国有及集体企业大量减少，但仍不可否认大量国有企业存在的价值和意义。根据已有的经验，国有企业的诞生受行政干预和国家发展规划影响较大，具有垄断或半垄断的性质。

实证结果发现，国有及集体工业企业诞生的显著影响因素较少。以表 6-4 模型 4 为标准，养老和医疗保险缴费率每提高 1%，企业诞生数量将减少 0.08 个，仅 10%水平上统计显著；工伤和失业保险缴费比率、住房公积金和住房补贴-工资比率的影响为正，但影响不显著。从表 6-4 模型 1~模型 3 中可以看出，社会保险各子险对国有及集体工业企业诞生的影响较为明显。由此不难推论，虽然国有及集体企业享受大量财政补贴，但企业养老和医疗保险缴费仍会带来一定的工资薪金税负担。

表 6-4 模型 4 中，原有国有及集体企业数每增加 1%，新诞生国有及集体工业企业将增加 0.61 个，在 1%水平上统计显著。另外，即使国有企业也存在明显的产业集聚。其他注册类型企业数以及不同要素密集度制造业企业数，对国有及集体工业企业诞生影响较弱，也佐证了该类企业在我国的独特地位。值得注意的是，工业增加值占工业总产值的平均比重每提高 1%，新诞生国有及集体工业企业将减少 0.05 个，在 1%水平上统计显著。对此，可能解释是我国工业增加值主要来源于非国有工业企业而不是国有工业企业。

表 6-4 模型 3 中，采掘业和资本密集型制造业对国有及集体工业企业的诞生产生显著正向影响，即采掘业和资本密集型制造业企业数每提高 1%，新诞生国有及集体工业企业将分别增加 0.2 和 0.41 个，在 1%和 10%水平上统计显著。

表 6-4 国有及集体工业企业诞生影响因素实证结果

被解释变量：2007 年该城市国有及集体工业企业新诞生数（个）				
	模型 1	模型 2	模型 3	模型 4
养老和医疗保险费率	−0.093** (0.048)	−0.088** (0.044)	−0.079 (0.050)	−0.081* (0.047)
工伤和失业保险费率	0.204* (0.118)	0.274** (0.118)	0.054 (0.152)	0.140 (0.149)
住房公积金和住房补贴费率	0.298** (0.153)	0.208 (0.153)	0.360** (0.179)	0.218 (0.165)
企业总数	0.587*** (0.077)			
国有及集体企业数		0.653*** (0.152)		0.610*** (0.189)
私营企业数		0.129 (0.164)		0.047 (0.357)
港澳台（外）商投资企业数		−0.109 (0.096)		0.044 (0.184)
其他注册类型企业数		0.166 (0.197)		0.256 (0.277)
采掘业企业数			0.200*** (0.074)	0.079 (0.084)
劳动密集型制造业企业数			0.092 (0.197)	0.014 (0.300)
资本密集型制造业企业数			0.398* (0.218)	0.039 (0.345)
技术密集型制造业企业数			0.117 (0.144)	−0.151 (0.180)
电、热、燃气及水生产供应业企业数			−0.187 (0.186)	−0.265 (0.191)

续表

被解释变量：2007 年该城市国有及集体工业企业新诞生数（个）				
	模型 1	模型 2	模型 3	模型 4
出口交货值比重				-0.028 (0.019)
工业增加值比重				-0.049 *** (0.019)
政府的补贴总额				-0.113 (0.120)
职工人数				0.230 (0.261)
常数项	-4.174 9 *** (0.528)	-4.230 *** (0.657)	-3.473 *** (0.628)	-3.187 (2.111)
样本量	355	328	321	304
LR Chi2 统计量 p 值	0.000	0.000	0.000	0.000
似然比检验 p 值	0.000	0.000	0.000	0.000

注：***、** 和 * 分别表示在 1%、5%和 10%的水平上统计显著；( ) 内为系数的标准差。

6.5.2 私营工业企业诞生影响因素实证结果

私营经济的发展是中国市场经济不断完善的重要标志。1978—1997 年，国家各项政策对私营经济仍持保留和观望态度，随着我国国有企业改革不断深化以及加入世界贸易组织，我国私营经济才迎来了较大发展机遇，逐步进入到国民经济各个行业。我国私营企业对经济增长的贡献和就业带动能力日益增强，“大众创业、万众创新”政策主要就是针对私营经济，即激励私营企业的诞生与成长。

从实证结果可以看出，与国有及集体企业相比，私营企业诞生受社保缴费影响更大。表 6-5 模型 4 中，养老和医疗保险企业缴费率每提高 1%，私营工业企业诞生数量将减少 0.09 个，在 1%水平上统计显著；

工伤和失业保险企业缴费率每提高1%，私营工业企业诞生数量将增加0.28个，在5%水平上统计显著；住房公积金和住房补贴-工资比率每增加1%，私营工业企业诞生数量将减少0.22个，在10%水平上统计显著。

表6-5　私营工业企业诞生影响因素实证结果

被解释变量：2007年该城市私营工业企业新诞生数（个）				
	模型1	模型2	模型3	模型4
养老和医疗保险费率	-0.097*** (0.030)	-0.097*** (0.030)	-0.093*** (0.030)	-0.086*** (0.031)
工伤和失业保险费率	0.297*** (0.105)	0.274*** (0.109)	0.305*** (0.115)	0.279** (0.119)
住房公积金和住房补贴费率	-0.336*** (0.115)	-0.154 (0.117)	-0.315*** (0.115)	-0.215* (0.120)
企业总数	1.094*** (0.057)			
国有及集体企业数		-0.105 (0.105)		-0.191 (0.131)
私营企业数		0.988*** (0.105)		0.705*** (0.227)
港澳台（外）商投资企业数		0.023 (0.063)		0.122 (0.118)
其他注册类型企业数		0.026 (0.127)		-0.099 (0.161)
采掘业企业数			0.179*** (0.049)	0.107* (0.061)
劳动密集型制造业企业数			0.877*** (0.119)	0.555*** (0.195)
资本密集型制造业企业数			-0.134 (0.137)	-0.341* (0.205)

续表

被解释变量：2007 年该城市私营工业企业新诞生数（个）				
	模型 1	模型 2	模型 3	模型 4
技术密集型制造业企业数			0.129 (0.084)	0.132 (0.108)
电、热、燃气及水生产供应业企业数			0.036 (0.121)	0.065 (0.121)
出口交货值比重				-0.029*** (0.011)
工业增加值比重				-0.001 (0.014)
政府的补贴总额				-0.096 (0.072)
职工人数				-0.023 (0.158)
常数项	-3.612*** (0.380)	-2.208*** (0.413)	-2.029*** (0.390)	-0.816 (1.369)
样本量	355	328	321	304
LR Chi2 统计量 p 值	0.000	0.000	0.000	0.000
似然比检验 p 值	0.000	0.000	0.000	0.000

注：*** 、** 和 * 分别表示在 1%、5%和 10%的水平上统计显著；( ) 内为系数的标准差。

私营企业诞生也难以回避原有企业数量的影响。表 6-5 模型 4 中，原有私营工业企业数每增加 1%，私营工业企业将增加 0.71 个，且在 1%水平上统计显著，私营企业表现出更强的区域集聚效应。国有及集体工业企业数、其他类型工业企业数对私营工业企业诞生的影响为负，港澳台（外）商投资工业企业数的影响为正，但都影响不显著。从不同要素密集度看，采掘业企业数每增加 1%，私营工业企业将增加 0.11 个，在 10%水平上统计显著；劳动密集型和资本密集型制造业企业数每增加 1%，分别使得私营工业企业变化 0.56 和-0.34 个，且影响显著；技术密集型制造业企业数的影响为正，但影响不显著。

由此不难推断：①我国私营工业企业的主体仍旧是劳动密集型制造业；②私营企业融资较难，资本获取难度仍是制约私营工业企业诞生的重要因素；③私营企业诞生一定程度上受到国有及集体企业的影响，私营企业仍面临较多的市场准入制约。此外，出口交货值占工业销售产值平均比重每增加 1%，该城市私营工业企业诞生数量将减少 0.03 个，且在 1%水平上统计显著。我国私营工业企业更多是外贸加工型企业，受到国际贸易因素的影响限制也更多，对外贸易依存度较高地区的私营工业企业诞生受影响更深。私营企业解决了我国的大量就业，因此稳定就业和减少贸易依存度至关重要。

6.5.3 港澳台（外）商投资工业企业诞生影响因素实证结果

港澳台（外）商投资企业对我国经济发展是把“双刃剑”，一方面可带来先进的生产技术、管理理念和外部资金等；另一方面过度占据产业链高端会威胁到我国的产业安全。近年来，对港澳台（外）商投资企业的关注更多集中于产业安全角度，关于劳动力需求视角的研究较少。

从表 6-6 模型 4 结果可以看出，养老和医疗保险企业缴费率每提高 1%，港澳台（外）商投资工业企业诞生数将减少 0.06 个，在 10%水平上统计显著；工伤和失业保险企业缴费率每提高 1%，港澳台（外）商投资工业企业诞生数量将增加 0.39 个，在 1%水平上统计显著；住房公积金和住房补贴-工资比率每增加 1%，港澳台（外）商投资工业企业诞生数量将减少 0.35 个，在 1%水平上统计显著。总体而言，企业社保缴费与该类工业企业的成立之间存在显著关系。该类企业，一般是劳动密集型加工业，或是社保体系完善的资本密集和技术密集型企业，我国较高的企业社保缴费必然会对该类企业诞生产生较大影响。

表 6-6　港澳台（外）商投资工业企业诞生影响因素实证结果

被解释变量：2007 年该城市港澳台（外）商投资工业企业新诞生数（个）				
	模型 1	模型 2	模型 3	模型 4
养老和医疗保险费率	−0.041 (0.042)	−0.057* (0.035)	−0.053 (0.039)	−0.058* (0.036)
工伤和失业保险费率	0.446** (0.183)	0.279** (0.123)	0.481*** (0.173)	0.385*** (0.138)
住房公积金和住房补贴费率	−0.276* (0.152)	−0.262* (0.137)	−0.291** (0.144)	−0.347*** (0.133)
企业总数	1.281*** (0.082)			
国有及集体企业数		−0.143 (0.130)		−0.269 (0.169)
私营企业数		0.055 (0.126)		−0.162 (0.302)
港澳台（外）商投资企业数		0.938*** (0.074)		1.114*** (0.154)
其他注册类型企业数		−0.039 (0.149)		−0.056 (0.200)
采掘业企业数			−0.081 (0.068)	0.069 (0.070)
劳动密集型制造业企业数			1.192*** (0.195)	0.543* (0.283)
资本密集型制造业企业数			−0.486** (0.222)	−0.455* (0.272)
技术密集型制造业企业数			0.256** (0.132)	−0.044 (0.164)

续表

被解释变量：2007 年该城市港澳台（外）商投资工业企业新诞生数（个）				
	模型 1	模型 2	模型 3	模型 4
电、热、燃气及水生产供应业企业数			0.387** (0.167)	0.215 (0.157)
出口交货值比重				-0.032** (0.013)
工业增加值比重				-0.030* (0.018)
政府的补贴总额				-0.077 (0.095)
职工人数				0.066 (0.245)
常数项	-7.264*** (0.552)	-2.174*** (0.471)	-5.257*** (0.567)	-1.146 (1.968)
样本量	355	328	321	304
LR Chi2 统计量 p 值	0.000	0.000	0.000	0.000
似然比检验 p 值	0.000	0.000	0.000	0.000

注：***、** 和 * 分别表示在 1%、5%和 10%的水平上统计显著；( ) 内为系数的标准差。

港澳台（外）商投资工业企业的诞生依然存在着企业集聚现象。从表 6-6 模型 4 中可以看出，原有港澳台（外）商投资工业企业数量每提高 1%，该类工业企业将增加 1.11 个，在 1%水平上统计显著。其他类型工业企业数对其影响为负，但都影响不显著。从不同要素密集度看，劳动密集型和资本密集型制造业企业数每增加 1%，分别使港澳台（外）商投资工业企业变化 0.54 和-0.46 个，且在 1%水平上统计显著；技术密集型制造业企业数的影响为负，但影响不显著。

由此不难推断：①我国港澳台（外）商投资工业企业，其占据产业链高端，劳动密集型制造业是其低端附属产业；②近年来我国资本密集和技术密集型制造业的发展对港澳台（外）商投资工业企业诞生具有一定的挤出效应。

此外，出口交货值占工业销售产值平均比重以及工业增加值占工业总产值平均比重每提高1%，该城市港澳台（外）商投资工业企业诞生数量都将减少0.03个，分别在5%和10%水平上统计显著。港澳台（外）商投资工业企业占据产业链高端，通过国内工业企业加工生产及出口贸易减少了自身的税务负担，出口交货值占工业销售产值平均比重反而体现了港澳台（外）商投资工业企业对我国工业企业控制力的增强。

6.6 不同要素密集度制造业企业诞生影响因素实证结果

6.6.1 劳动密集型制造业企业诞生影响因素实证结果

类似于私营企业，企业社会保险各子项目对劳动密集型制造业企业诞生均产生显著影响。实证结果显示，养老和医疗保险缴费率、工伤和失业保险缴费率、住房公积金和住房补贴-工资比率每提高1%，劳动密集型制造业诞生数将分别变化-0.06、0.268和-0.26个，在5%水平上均统计显著。

该地区原有采掘业企业数每提高1%，劳动密集型制造业企业诞生数将增加0.13个；劳动密集型制造业企业数每提高1%，劳动密集型制造业企业诞生数会变化1.53个，且在1%水平上统计显著；而资本密集与技术密集型制造业企业数对劳动密集型制造业企业诞生数分别产生负向和正向影响，但都不显著。

此外，出口交货值占工业销售产值平均比重每提高1%，劳动密集型制造业企业诞生数将减少0.04个，在1%水平上统计显著。由此可见，劳动密集型制造业的外贸依存度较大，产品销售风险较高。详见表6-7。

表6-7 劳动密集型制造业企业诞生影响因素实证结果

被解释变量：2007年该城市劳动密集型制造业企业新诞生数（个）				
	模型1	模型2	模型3	模型4
养老和医疗保险费率	-0.093*** (0.030)	-0.068** (0.028)	-0.095*** (0.031)	-0.063** (0.029)
工伤和失业保险费率	0.273*** (0.108)	0.263*** (0.106)	0.275*** (0.112)	0.268** (0.113)
住房公积金和住房补贴费率	-0.247** (0.115)	-0.272** (0.113)	-0.171 (0.121)	-0.263** (0.115)
企业总数	1.051*** (0.056)			
采掘业企业数		0.101** (0.047)		0.132** (0.058)
劳动密集型制造业企业数		1.402*** (0.121)		1.534*** (0.206)
资本密集型制造业企业数		-0.553*** (0.136)		-0.316 (0.199)
技术密集型制造业企业数		0.054 (0.082)		0.152 (0.105)
电、热、燃气及水生产供应业企业数		-0.018 (0.114)		0.047 (0.119)
国有及集体企业数			-0.233** (0.110)	-0.282** (0.128)
私营企业数			0.601*** (0.105)	-0.259 (0.228)
港澳台（外）商投资企业数			0.216*** (0.064)	0.169 (0.111)

续表

被解释变量：2007 年该城市劳动密集型制造业企业新诞生数（个）				
	模型 1	模型 2	模型 3	模型 4
其他注册类型企业数			0.291 ** (0.137)	−0.157 (0.163)
出口交货值比重				−0.041 *** (0.011)
工业增加值比重				−0.012 (0.013)
政府的补贴总额				−0.112 (0.071)
职工人数				−0.002 (0.161)
常数项	−3.718 *** (0.374)	−2.587 *** (0.368)	−1.828 *** (0.420)	−0.487 (1.324)
样本量	355	321	328	304
LR Chi2 统计量 p 值	0.000	0.000	0.000	0.000
似然比检验 p 值	0.000	0.000	0.000	0.000

注：***、** 和 * 分别表示在 1%、5%和 10%的水平上统计显著；( ) 内为系数的标准差。

6.6.2 资本密集型制造业企业诞生影响因素实证结果

实证结果显示，即使资本密集型制造业，其企业诞生受到来自企业社保缴费的影响也较大。其中，养老和医疗保险缴费比率、住房公积金和住房补贴-工资比率每提高 1%，资本密集型制造业企业诞生数将分别减少 0.12 和 0.20 个，分别在 1%和 10%水平上统计显著；工伤和失业保险缴费比率每提高 1%，资本密集型制造业企业诞生数将增加 0.38 个，在 1%水平上统计显著。

该地区原有采掘业企业数，对资本密集型制造业企业诞生存在显著影响，即采掘业企业数每增加 1%，劳动密集型制造业企业诞生数将变化 0.12 个；劳动密集和资本密集型制造业企业数每增加 1%，资本密集型制造业企业诞生数将分别增加 0.75 和 0.78 个，均在 1%水平上统计显著；而技术密集型制造业企业数也产生正向影响，但不显著。由此可见，一个地区劳动密集型制造业企业多会促进资本密集型制造业企业的诞生。这可能源于劳动密集型制造业集聚地区往往有较好的工业基础，会吸引大量外来投资。

此外，内资工业企业数量越大，资本密集型制造业企业诞生数越小。从实证结果看，国有及集体工业企业数、私营工业企业数以及其他类型工业企业数，均与资本密集型制造业企业诞生数之间存在负向关系，分别为-0.306（在 5%水平上统计显著）、-0.365 和-0.114；而港澳台（外）商投资工业企业数的影响为 0.091，但不显著。

由此不难推断，由于国家经济刺激计划，2007 年左右我国已存在相当数量的国有及集体控股的资本密集型制造企业带有垄断或半垄断性质，市场准入门槛也较高。

而出口交货值占工业销售产值平均比重对资本密集型制造业企业诞生也产生显著负向影响，即其每提高 1%，资本密集型制造业企业诞生数将减少 0.02，在 5%水平上统计显著。可见，即便是我国的资本密集型制造业，其外贸依存度也较高。详见表 6-8。

表 6-8　资本密集型制造业企业诞生影响因素实证结果

被解释变量：2007 年该城市资本密集型制造业企业新诞生数（个）				
	模型 1	模型 2	模型 3	模型 4
养老和医疗保险费率	-0.113 *** （0.029）	-0.106 *** （0.030）	-0.113 *** （0.030）	-0.120 *** （0.031）
工伤和失业保险费率	0.350 *** （0.101）	0.347 *** （0.114）	0.329 *** （0.106）	0.378 *** （0.118）

续表

被解释变量：2007 年该城市资本密集型制造业企业新诞生数（个）				
	模型 1	模型 2	模型 3	模型 4
住房公积金和住房补贴费率	-0.263** (0.114)	-0.245** (0.116)	-0.201* (0.120)	-0.200* (0.122)
企业总数	0.891*** (0.052)			
采掘业企业数		0.081* (0.048)		0.118** (0.058)
劳动密集型制造业企业数		0.560*** (0.125)		0.750*** (0.204)
资本密集型制造业企业数		0.380*** (0.137)		0.778*** (0.216)
技术密集型制造业企业数		-0.056 (0.088)		0.072 (0.111)
电、热、燃气及水生产供应业企业数		0.011 (0.116)		0.119 (0.121)
国有及集体企业数			-0.119 (0.103)	-0.306** (0.126)
私营企业数			0.522*** (0.101)	-0.365 (0.228)
港澳台（外）商投资企业数			0.141** (0.061)	0.091 (0.115)
其他注册类型企业数			0.257** (0.121)	-0.114 (0.164)
出口交货值比重				-0.023** (0.011)
工业增加值比重				-0.005 (0.014)
政府的补贴总额				0.009 (0.071)

续表

被解释变量：2007 年该城市资本密集型制造业企业新诞生数（个）				
	模型 1	模型 2	模型 3	模型 4
职工人数				-0.248 (0.174)
常数项	-3.267*** (0.354)	-2.572*** (0.392)	-1.902*** (0.402)	0.097 (1.442)
样本量	355	321	328	304
LR Chi2 统计量 p 值	0.000	0.000	0.000	0.000
似然比检验 p 值	0.000	0.000	0.000	0.000

注：***、**和*分别表示在1%、5%和10%的水平上统计显著；( ) 内为系数的标准差。

6.6.3 技术密集型制造业企业诞生影响因素实证结果

技术密集型制造业是我国未来发展的重点，技术的使用使其较好地节约了劳动力，相比其他要素密集度制造业，其劳动成本占生产总成本的比重最低。但实证结果却显示，技术密集型制造业企业诞生同样受到来自企业社保缴费的显著影响。其中，养老和医疗保险缴费率、工伤和失业保险缴费率、住房公积金和住房补贴-工资比率每提高1%，技术密集型制造业企业诞生数将分别变化-0.09、0.32和-0.22个，分别在1%、1%和10%水平上统计显著。

原有的采掘业企业数每增加1%，新诞生的技术密集型制造业企业将增加0.13个；原有的劳动密集和技术密集型制造业企业数每增加1%，两者企业诞生数将分别增加0.66和1.19个，均在1%水平上统计显著；而原有的资本密集型制造业企业数对新诞生的技术密集型制造企业却产生负向影响，但不显著。可见，一个地区劳动密集型制造业企业多也会促进技术密集型制造业企业的诞生；但原有的资本密集型制造业企业越多，可能会限制技术密集型制造业企业的诞生。

类似于资本密集型制造业，内资工业企业数越大，技术密集型制造业企业诞生数量可能越少。从实证结果看，国有及集体工业企业数、私营工业企业数以及其他类型工业企业数，均对技术密集型制造业企业诞生产生负向影响，分别为-0.48、-0.39和-0.41，统计显著水平分别为1%、不显著和5%；而港澳台（外）商投资工业企业数的影响为0.19，不显著。由此不难推断，内资工业企业既有的生产技术可能会束缚中国工业企业的内部转型升级；我国技术密集型制造业企业诞生困难，可能与我国工业企业自身技术创新动力不足、激励不足相关。

同样也可发现，产品对外贸出口的过度倚重也影响到技术密集型制造业企业诞生，即出口交货值占工业销售产值平均比重每提高1%，技术密集型制造业企业诞生数将减少0.05，在1%水平上统计显著。详见表6-9。

表6-9　技术密集型制造业企业诞生影响因素实证结果

被解释变量：2007年该城市技术密集型制造业新诞生企业数（个）				
	模型1	模型2	模型3	模型4
养老和医疗保险费率	-0.084*** (0.032)	-0.089*** (0.030)	-0.085*** (0.032)	-0.092*** (0.032)
工伤和失业保险费率	0.293*** (0.108)	0.312*** (0.117)	0.275*** (0.108)	0.321*** (0.124)
住房公积金和住房补贴费率	-0.206 (0.127)	-0.265** (0.124)	-0.101 (0.138)	-0.218* (0.131)
企业总数	1.284*** (0.068)			
采掘业企业数		0.072 (0.052)		0.133** (0.064)
劳动密集型制造业企业数		0.480*** (0.147)		0.664*** (0.242)

续表

被解释变量：2007 年该城市技术密集型制造业新诞生企业数（个）				
	模型 1	模型 2	模型 3	模型 4
资本密集型制造业企业数		-0.495 *** (0.174)		-0.073 (0.244)
技术密集型制造业企业数		0.966 *** (0.113)		1.185 *** (0.167)
电、热、燃气及水生产供应业企业数		-0.032 (0.132)		0.132 (0.138)
国有及集体企业数			-0.166 (0.115)	-0.477 *** (0.140)
私营企业数			0.745 *** (0.115)	-0.390 (0.283)
港澳台（外）商投资企业数			0.324 *** (0.066)	0.190 (0.128)
其他注册类型企业数			0.167 (0.139)	-0.405 ** (0.185)
出口交货值比重				-0.047 *** (0.012)
工业增加值比重				-0.025 (0.016)
政府的补贴总额				-0.126 (0.085)
职工人数				0.027 (0.198)
常数项	-6.255 *** (0.454)	-2.842 *** (0.421)	-3.756 *** (0.460)	0.013 (1.706)
样本量	355	321	328	304
LR Chi2 统计量 p 值	0.000	0.000	0.000	0.000
似然比检验 p 值	0.000	0.000	0.000	0.000

注：***、** 和 * 分别表示在 1%、5% 和 10% 的水平上统计显著；( ) 内为系数的标准差。

6.7 本章小结

6.7.1 社保缴费率对不同注册类型企业诞生的影响

从以上实证结果可以发现，养老和医疗保险缴费比率对不同类型工业企业诞生均产生显著负向影响，但对私营工业企业影响最大（-0.086），其次是国有及集体工业企业（-0.081），对港澳台（外）商投资工业企业的影响最小（-0.058），分别在1%、10%和10%水平上统计显著。工伤和失业保险缴费比率对不同类型工业企业诞生均产生正向影响，对港澳台（外）商投资工业企业诞生的影响最大（0.385），其次是私营工业企业（0.279），对国有及集体工业企业的影响最小（0.140），统计显著水平分别为1%、5%和不显著。住房公积金和住房补贴-工资比率对不同类型工业企业诞生影响差异最大，对港澳台（外）商投资工业企业的影响最大（-0.347），统计最显著，其次是对私营工业企业诞生的影响（-0.215），对国有及集体工业企业诞生的影响最不显著（0.218），统计显著水平分别为1%、10%和不显著。

我国工业企业诞生和发展存在着明显的区域集聚和注册类型集聚。区域集聚主要表现为，每个城市原有工业企业总数对不同注册类型工业企业诞生均产生显著正向影响，即对港澳台（外）商投资、私营和国有及集体工业企业诞生的影响，分别为1.281、1.094和0.587，均在1%水平上统计显著。注册类型集聚主要表现为，每个城市不同注册类型原有工业企业数对自身类型工业企业诞生均产生显著正向影响，即港澳台（外）商投资、私营、国有及集体工业企业总数，对自身类型工业企业诞生的影响分别为 1.114、0.705 和 0.610，均在 1%水平上统计显著。

劳动密集型制造业原有企业数对不同注册类型工业企业诞生均产生正向影响，对私营、港澳台（外）商投资、国有及集体工业企业诞生的影响，分别为 0.555、0.543 和 0.014，统计显著水平分别为 1%、10%和不显著；资本密集型制造业原有企业数对国有和非国有工业企业诞生影响具有很大差异，对私营、港澳台（外）商投资、国有及集体工业企业诞生的影响，分别为-0.341、-0.455 和 0.039，统计显著水平分别为 10%、10%和不显著；技术密集型制造业原有企业数，对私营工业企业诞生影响差异较大，对国有及集体、港澳台（外）商投资工业企业诞生均产生负向影响，但都不显著。

在其他因素影响中：出口交货值占工业销售产值平均比重，对私营和港澳台（外）商投资工业企业诞生影响显著（-0.029 和-0.032），分别在 1%和 5%水平上统计显著，对国有及集体工业企业诞生影响不显著（-0.028）；工业增加值占工业总产值平均比重对不同类型工业企业诞生均产生负向影响，但对国有及集体、港澳台（外）商投资工业企业诞生影响分别为-0.049 和-0.030，在 1%和 10%水平上统计显著，而对私营工业企业诞生影响最小且不显著（-0.001）；企业来自政府的补贴收入对不同类型工业企业诞生均产生负向影响；职工总人数对不同类型工业企业诞生均不产生显著影响。

6.7.2 社保缴费率对不同要素密集度制造企业诞生的影响

从实证结果比较发现，养老和医疗保险缴费率对不同要素密集度制造业企业诞生均产生显著负向影响，即对资本密集、技术密集和劳动密集型制造业影响依次为-0.12、-0.092 和-0.063，分别在 1%、1%和

5%水平上统计显著。

工伤和失业保险缴费率对不同要素密集度制造业企业诞生均产生显著正向影响，即对资本密集、技术密集和劳动密集型制造业影响依次为0.378、0.321、0.268，分别在1%、1%和5%水平上统计显著。

住房公积金和住房补贴-工资比率对不同要素密集度制造业企业诞生影响差异最大，即对劳动密集、技术密集和资本密集型制造业影响依次为-0.263、-0.218和-0.200，分别在5%、10%和10%水平上统计显著。

根据已有经验，劳动密集型制造业养老医疗保险本应对企业诞生产生最大影响，可能的原因是我国许多劳动密集型制造业企业存在规避社保缴费的现象，存在较大的缴费选择能力。比如许多劳动密集制造业企业根本不提供医疗保险；由于认识不够、地区转移障碍，以制造业为主要就业渠道的次级劳动力市场就业者和多数农民工不愿或拒缴相应社会保险。

同样，不同要素密集度制造业企业诞生也存在着区域集聚和企业类型集聚。区域集聚主要表现为，每个城市原有的制造业企业总数对不同要素密集度制造业企业诞生均产生显著正向影响，对技术密集、劳动密集和资本密集型制造业企业诞生的影响依次为1.284、1.051、0.891，均在1%水平上统计显著。

企业类型集聚主要表现为，每个城市不同要素密集度制造业原有企业数会影响自身类型制造业企业的诞生，即劳动密集、资本密集和技术密集型制造业企业数对自身类型企业诞生的影响，分别为1.534、0.778和1.185，均在1%水平上统计显著。

劳动密集型制造业原有企业数对其他要素密集型制造业企业诞生均产生正向影响，即劳动密集型制造业企业数每增加1%，资本密集和技术密集型制造业企业诞生将分别增加0.75和0.66个，均在1%水平上统计显著。

国有及集体工业企业数对不同要素密集型制造业企业诞生均产生显著负向影响，即国有及集体工业企业数每增加1%，劳动密集、资本密集和技术密集型制造业企业诞生将分别减少0.28、0.31和0.48个，至少在5%水平上统计显著。

私营和其他类型工业企业数对不同要素密集型制造业企业诞生均产生不显著的负向影响。这可能因为包括私营企业的内资企业多属于劳动密集型制造业，而制造业2006年之后存在严重产能过剩，故劳动密集型制造业企业诞生数较少。

港澳台（外）商投资工业企业数对不同要素密集型制造业企业诞生均产生不显著正向影响。

在其他因素影响中：出口交货值占工业销售产值平均比重对不同要素密集型制造业企业诞生均产生显著负向影响，分别为-0.041、-0.023和-0.047，显著性水平分别为1%、5%和1%；工业增加值占工业总产值平均比重对不同要素密集型制造业企业诞生均产生不显著负向影响；企业来自政府的补贴收入仅对资本密集型制造业企业诞生产生正向影响，但不显著；职工总人数仅对技术密集型制造业企业诞生产生正向影响，不显著。

本章附录

附录6-1 工业企业按不同注册类型划分

注册类型	具体分类
国有及集体企业	国有企业、国有独资公司、国有联营企业、集体企业、集体联营企业、国有与集体联营企业

续表

注册类型	具体分类
私营企业	私营独资企业、私营合伙企业、私营有限责任公司、私营有限股份公司
港澳台（外）商投资企业	合资经营（港或澳台资）、合作经营企业（港或澳台资）、港澳台商独资企业、港澳台商投资股份有限公司、中外合资经营企业、中外合作经营企业、外商独资企业、外商投资股份有限公司
其他类型企业	股份有限公司、其他有限责任公司、股份合作企业、其他联营企业、其他内资企业

附录 6-2　制造业按不同要素密集度划分

不同要素密集度	具体分类
劳动密集型制造业	13. 农副食品加工业；14. 食品制造业；17. 纺织业；18. 纺织服装、鞋、帽制造业；19. 皮革、毛皮、羽毛（绒）及其制品业；20. 木材加工及木、竹、藤、棕、草制品业；21. 家具制造业；24. 文教体育用品制造业；31. 非金属矿物制品业；34. 金属制品业；42. 工艺品及其他制造业
资本密集型行制造业	15. 饮料制造业；16. 烟草制品业；22. 造纸及纸制品业；23. 印刷业和记录媒介的复制；25. 石油加工、炼焦及核燃料加工业；26. 化学原料和化学制品制造业；28. 化学纤维制造业；29. 橡胶制品业；30. 塑料制品业；32. 黑色金属冶炼和压延加工业；33. 有色金属冶炼和压延加工业
技术密集型行制造业	27. 医药制造业；35. 通用设备制造业；36. 专用设备制造业；37. 交通运输设备制造业；39. 电气机械和器材制造业；40. 通信设备、计算机及其他电子设备制造业；41. 仪器仪表及文化、办公用机械制造业；43. 废弃资源和废旧材料回收加工业

7 社保缴费对企业用工成本的影响

从第 2 章社会保险制度与劳动力市场的关系可以发现，关于社保缴费与企业内部用工关系的经典文献主要从企业员工工资总额和雇佣总人数两个视角展开。本章主要探讨企业社保缴费对不同层次的员工工资的影响，既包括企业层面的员工工资总额，也包括员工个体层面的工资水平。

7.1 十二城市企业用工现状分析

从宏观层面看，我国社保基金统筹层级与管理水平较低，以市或县为单位的统筹管理模式导致社保制度面临区域分割，企业实际社保缴费率在地区间存在明显差异。从微观层面看，劳动用工成本和企业实际利润往往决定企业的社保缴费能力；对资本构成和利润水平不同的企业而言，即便相同的缴费率和缴费额也意味着不同的财务压力（徐凤辉和赵忠，2015）。本章的实证分析涉及 12 个调查城市的企业微观数据，利用第三次经济普查资料，通过对 12 个城市企业用工现状、企业利润和员工报酬的宏观分析，初步判断 12 个城市企业加总的劳动用工成本和企业利润状况。

7.1.1 企业数量和就业规模

中国经济过度倚重东南沿海，工业企业主要分布于东南部地区，以苏州市和广州市为核心形成了我国典型的工业聚集区①。苏州市是我国重要的工业城市，工业企业尤为密集。通过第三次经济普查 12 个城市汇总数据可以发现，全部规模的工业和制造业企业数量，2013 年苏州市分别高达 92 441 和 92 069 个，带动就业 441.0 万和 438.4 万人。其次是广州 35 074 和 34 856 个、北京 33 747 和 33 012 个，分别带动就业 230 万和 215.9 万人、151.5 万和 135.5 万人。在内陆地区，成都市也是我国重要的工业城市，2013 年其全部规模的工业和制造业企业数量分别为 17 216 和 16 518 个，带动就业 140.5 万和 120 万人（见图 7-1）。

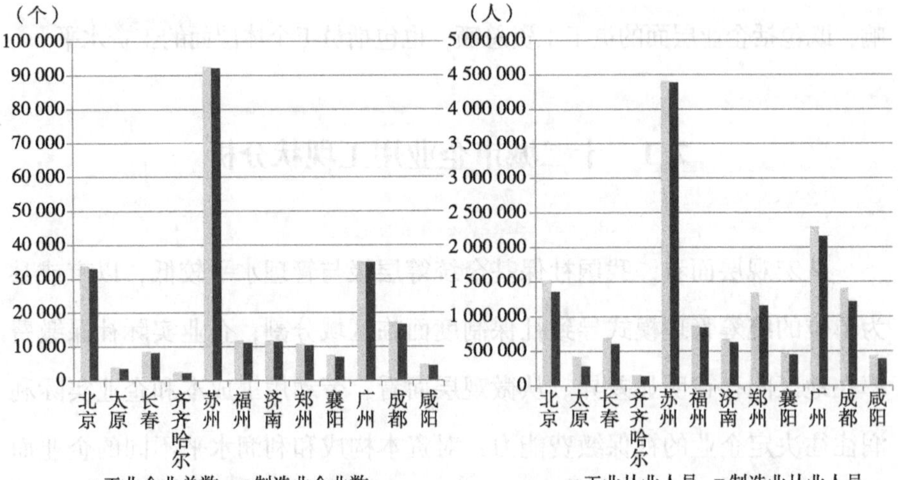

图 7-1　12 城市工业制造业企业数量和从业人数

资料来源：第三次经济普查数据“按地市分组的工业企业主要经济指标”。

7.1.2　规模以上工业企业利润总额和员工报酬

2013 年全国规模以上工业企业，实现利润总额 68 378.91 亿元，当

---

① 此处仅从微观企业调查所关联的 12 个城市为分析对象。

年应付职工薪酬 52 409.55 亿元，从业人员平均人数 9 791.46 万人①。在 12 个城市中，苏州的工业企业利润总额和应付职工薪酬最高，分别为 1 350.14 亿和 1 996.34 亿元，分别占到本省工业企业利润总额和应付职工薪酬的 16.11%和 29.44%，以及全国工业企业利润总额和应付职工薪酬的 1.97%和 3.81%。比较发现，企业利润总额高的城市，相应地应付职工薪酬一般也较高，但长春市和郑州市的当年应付职工薪酬远低于工业企业利润总额（见图 7-2）。

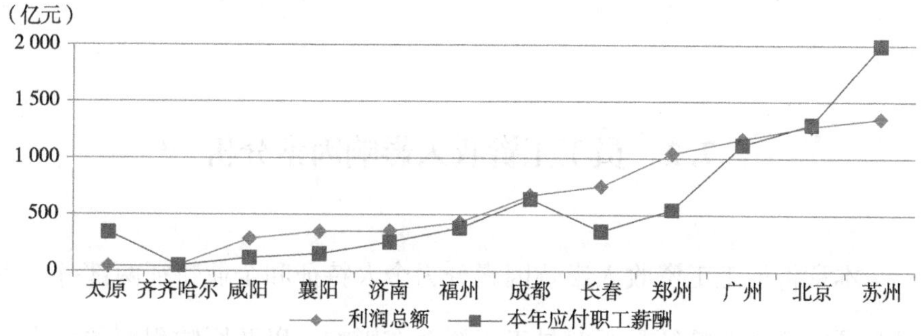

图 7-2 规模以上工业企业利润总额和从业人员薪酬

资料来源：第三次经济普查数据“按地市分组的规模以上工业企业主要经济指标”。

从图 7-3 中可以看出，2013 年规模以上工业企业员工平均薪酬为 4 万~11 万元，多数城市的从业人员平均薪酬远低于人均利润创造额，在经济不发达城市尤其明显。从业人员平均薪酬与人均利润创造额的比值，咸阳 0.415：1，襄阳 0.44：1，郑州 0.525：1，长春 0.47：1。经济较发达城市的这一比值则偏大，如北京 1.014：1，广州 0.957：1，成都 0.954：1，福州 0.885：1。

① 鉴于第三次经济普查数据中，规模以上企业数据才有员工报酬指标，故此处以规模以上工业企业为分析对象。

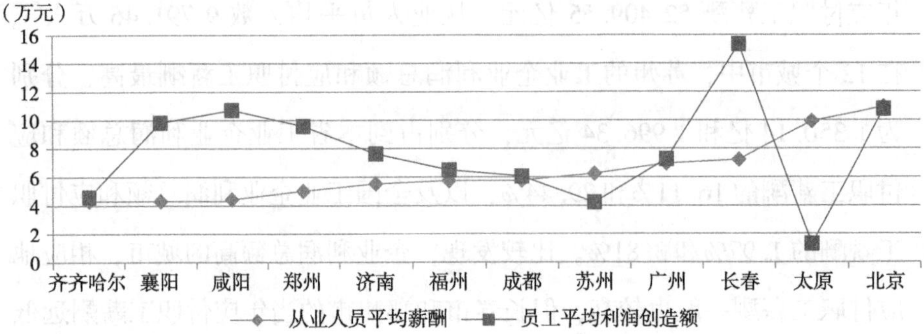

图 7-3　规模以上工业企业职工平均薪酬和平均利润创造值

资料来源：第三次经济普查数据“按地市分组的规模以上工业企业主要经济指标”。

7.2　员工工资收入影响因素分析

本章将员工工资收入影响因素分为个人特征和企业特征两部分，主要为了验证企业特征是否对员工工资存在影响，以及影响程度的大小。

7.2.1　企业员工工资收入差距理论回顾

改革开放以来，我国的劳动力市场不断发展和完善，基本形成了与市场经济相适应的劳动力配置和工资决定机制，劳动力工资水平有了较大幅度提高。但同时也产生了一些问题，工资差距的不断扩大是其中一个突出问题。根据 2012 年《中国劳动统计年鉴》，分行业看，员工平均工资最低的是畜牧业（16 636 元），最高的是证券业（156 662 元），相差 9.4 倍；分地区看，最低的是黑龙江（31 302 元），最高的是上海（75 591 元），相差 2.4 倍；分注册类型看，最低的是（西藏）集体企业 15 163 元，最高的是（上海）国有企业 83 519 元，相差 5.5 倍。从宏观平均数据看，我国工资差距已经到了非常严重的程度（徐凤辉和赵忠，2014）。

面对工资差距持续扩大的现象，不同学者从多角度进行了大量研究。一些文献针对个人特性开展研究：Gustafsson et al.（2001）对中国和苏联（俄罗斯）1988—1995 年的数据进行对比研究，发现中国员工收入与年龄的相关程度更高，总体工资差异中，年龄的解释度为 26%。白雪梅（2004）的研究显示，中国的教育与收入不平等存在着稳定且复杂的关系，教育不平等会加剧收入不平等，但平均受教育年限增加不是降低而是提高了收入不平等程度。万海远和李实（2013）针对户籍发生转变的群体，采用倾向得分匹配法和双重差分法，得出了户籍收入歧视效应始终存在且歧视效应在不同类型城市存在显著差异的结论。

一些文献针对行业、所有制、地区特征进行了研究：陈钊、万广华和陆铭（2010）发现行业间收入差距对我国城镇居民收入差距的影响越来越大，而行业间收入差距主要是由一些垄断行业收入迅速提高造成的。夏庆杰等（2012）认为，工资收入不平等和差距扩大主要是由国有垄断企业的高工资和劳动力配置体系造成的。国有垄断企业通过制定垄断价格、获得垄断利润、支付给员工高于劳动边际产品和市场价格的高工资。任重（2009）运用 1994—2006 年中国城镇数据，分析了重要区域特征对城镇居民工资水平及其差距的影响。

大量研究表明，中国存在着严重的劳动力市场分割问题，分割主要形式包括户籍（城乡）分割、地区分割、所有制性质（国有与非国有）分割与产业分割等（蔡昉和都阳，2001；陈弋等，2005；王甫勤，2010；陈钊等，2010）。在劳动力市场分割状态下，劳动力在不同企业间的流动受到极大限制，企业特征对个人工资收入具有重要的影响。

企业规模对工资差距的影响与企业内部管理成本有关。基于代理理论，企业规模越大，企业内部管理存在的信息不对称问题越严重，代理成本也越高，企业越能够通过拉开收入差距来获得绩效改进（李璐，2011）。企业规模越小，越强调直线职能管理模式，信息不对称的问题就越小，代理成本也不高，内部工资差距也较低。在非完全竞争条件下，企业规模对工资差距的影响应纳入市场分割的分析框架，与自然垄断（剩余价值分享）和行政垄断（利润截留）有关。

劳动力市场分割极易造成行政性垄断及非市场因素干扰，导致不同所有制和行业间存在较大工资收入差距。陈钊等（2010）的研究表明，行业间收入差距主要是由一些垄断行业收入迅速提高造成的。人力资本越多的劳动力越容易进入国有部门（垄断或非垄断）；国有部门（垄断或非垄断）也能为内部劳动力提供更多提升人力资本的机会（王甫勤，2010）。行业集中率越高、垄断性越强的行业中，人均工资收入水平越高（罗楚亮和李实，2007）。

本章试图更为全面地分析我国劳动力工资收入差距的影响因素，研究分为以下几步：首先，估计一个半对数的工资决定方程；然后，采用多种不平等指数衡量工资收入差距；最后，采用夏普里值对工资方程的进行回归分解，估算出各变量对工资收入差距的贡献率。

7.2.2 数据、工资方程与实证结果

本章重点对个人和企业特征与工资水平的关系进行经验分析。

7.2.2.1 数据描述

本章采用“中国雇主-雇员匹配数据追踪调查”（China Matched Employer-Employee Longitudinal Survey，简称 CMEELS），是中国人民大

学2010年开始组织实施的针对我国企业场所和职工的微观调查。CMEELS数据包括雇员和雇主两套问卷，在企业层面上将企业和员工信息互相匹配。雇主层面包含企业基本特征、企业管理、职工招聘、劳动关系、员工福利等信息，雇员层面包含员工个人特征、工作岗位特征、员工雇佣历史、员工与企业关系、员工福利等信息。在2012年和2013年两期数据中：2012年样本涵盖了北京、齐齐哈尔、长春、济南、郑州、成都、福州、苏州、襄阳与咸阳共十个城市，2013年加入了广州和太原两个城市。

我们选用2012年度的截面数据。该数据包含员工和雇主两个样本，其中雇员数据样本量为3 566人，雇主数据样本量为350家企业。本书户籍变量只选取农业户口和非农户口，排除其他情况（两个观测点“无户口”，四个观测点为“其他情况”），最终的员工样本量为3 560人。

7.2.2.2 工资方程

本书采用的工资方程是在Mincer（1974）提出的标准工资方程设定形式基础上的半对数模型（Shorrocks & Wan，2005）：

$$\ln w_i = \alpha_0 + X_i\beta + \mu_i \qquad (7-1)$$

其中，$\ln w_i$ 是工资收入的自然对数，工资收入为员工于2011年自本企业获得的税后奖金和工资总收入（元）。X_i 是一组解释变量，包括个人特征、企业规模、行业和区域特征。其中个人特征包括户籍类型、户口所在地、年龄、性别、党员、婚姻、工作经验、教育水平等。企业特征为企业规模、工商注册类型、企业所属行业企业所在区域等[①]。β 是待估计的系数。μ_i 是随机误差项。

① 本部分将样本调查的十个城市划归为东、中、西三个地区，并以西部地区作为参照组。

7.2.2.3 实证结果

表7-1是工资方程的估计结果。控制其他因素后，户籍的系数仅为0.016，而且即使在10%的水平上仍不显著。年龄系数为正，年龄平方系数为负，这和以往研究结论一致（冯毅和李实，2013），但系数较小。工作经验对工资的影响为正，其平方项对工资的影响为负，且在1%的水平上显著。结果显示，男性比女性的工资高约20%，在1%的水平上统计显著；党员身份对工资的影响微乎其微；婚姻状态对工资的影响系数为0.029，但统计不显著。人力资本仍是影响工资差异最重要的因素。随着教育水平提高，教育对工资影响越来越大，说明我国劳动力市场教育投资回报机制较为完善。

表7-1 工资决定方程的估计结果

变量（1）	系数（1）	变量（2）	系数（2）	变量（3）	系数（3）
户籍	0.016 0 (0.92)	研究生（硕、博士）	0.923 0*** (5.02)	居民服务和其他服务业	0.006 5 (0.09)
年龄	0.012 1 (1.48)	中型企业	0.059 6*** (3.31)	教育	-0.068 6 (-0.73)
年龄平方	-0.000 2 (-1.59)	大型企业	0.254 8*** (9.31)	卫生、社会保障和社会福利业	0.191 4* (1.9)
性别	0.197 0*** (13.47)	制造业	0.206 8*** (3.01)	文化、体育和娱乐业	0.180 3** (2.08)
党员	-0.007 9 (-0.33)	电力、燃气及水的生产和供应业	0.379 3*** (3.89)	公共管理	0.140 6 (0.98)
婚姻状态	0.029 (1.4)	建筑业	0.286 8*** (3.8)	集体企业	0.316 4*** (7.01)
工作经验	0.012 5*** (3.14)	交通运输、仓储和邮政业	0.334 3*** (4.47)	股份、联营和有限责任公司	0.290 5*** (10.20)
工作经验平方	-0.000 4*** (-3.38)	信息传输、计算机服务和软件业	0.307 2*** (4.11)	私营企业	0.289 4*** (9.33)

续表

变量（1）	系数（1）	变量（2）	系数（2）	变量（3）	系数（3）
初识字	0.094 3 (0.49)	批发和零售业	0.099 5 (1.43)	港澳台（外）商投资企业	0.537 7*** (13.68)
小学	0.104 1 (0.58)	住宿和餐饮业	0.220 5*** (3.00)	个体经营	0.278 1*** (5.00)
初中	0.220 9 (1.27)	金融业	0.405 6*** (5.29)	东部地区	0.201 9*** (10.77)
高中	0.323 7* (1.86)	房地产业	0.470 8*** (6.07)	中部地区	-0.003 8 (-0.18)
中专、职高、技校	0.364 6** (2.09)	租赁和商务服务业	0.108 8 (1.42)	常数	8.831 6*** (39.5)
大专、高职	0.477 6*** (2.73)	科学研究、技术服务和地质勘查业	0.293 5*** (3.72)		
本科	0.640 7*** (3.65)	水利、环境和公共设施管理业	0.057 1 (0.61)		
样本量	3 553				
R-square	0.357 2				
Ad. R-square	0.349 7				

注：①教育以不识字为对照组；企业规模以小规模为对照组；行业以农、林、牧、渔业为对照组；注册类型以国有企业为对照组；地区以西部地区为对照组。

②***、**和*分别代表系数在1%、5%和10%水平上统计显著。

企业规模是影响工资差别的重要因素之一。相比小规模企业，中等规模和大规模企业工资分别高6.0%和25.5%。

行业对工资差距的影响也较大。以农、林、牧、渔业为参照，行业工资水平最高的依次是房地产业（高47.1%），金融业（高40.6%），电力、燃气及水的生产业和供应业（高37.93%），交通运输仓储邮政业（高33.4%），信息传输、计算机服务软件（高30.7%），科学研究、技术服务和地质勘查业（高29.4%），建筑业（高28.7%），住宿和餐饮业（高22.1%），制造业（高20.7%），且这些差异在1%的水平上统计显著。

港澳台（外）商投资企业工资比国有企业高53.8%，比集体企业高31.6%；股份联合企业、联营企业、有限责任公司、股份有限公司工资比国有企业高29.1%，比私营企业高28.9%，比个体经营工资高27.8%。

分地区看，中部地区工资水平比西部地区低，但统计不显著；东部地区工资水平比西部地区高20.2%，且在1%水平上统计显著。

7.2.3 工资差距的测量及各因素的贡献

本章进一步分解各因素对工资差距的贡献。不平等度量指标可分为两类：一类是绝对指标：比如Kolm（1976）指数。一类是相对指标：如基尼系数、广义熵指数（GE）[①]、Atkinson指数等（万广华，2008）。其中，Atkinson指数和GE指数存在单调转换关系（Shorrock & Slottje，2002）；广义熵指数弥补了基尼系数的缺陷[②]；基尼系数和GE指数均能用于不平等因素的分解（白雪梅和林珊珊，2009）。本书在工资不平等测算时采用基尼系数和GE指数进行对比分析；然后运用夏普里值回归分解，估算出各解释变量对工资收入差距的贡献率。

7.2.3.1 企业特征与工资差距

从企业所在地区特征看，几种不平等指数测算结果一致表明：组内工资收入差距，东部大于西部地区，西部大于中部地区。从企业规模看，大规模企业内部工资差距最大，中等规模企业其次，小规模企业最

① GE（0）为泰尔_L指数、GE（1）为泰尔_T指数；GE（2）为变异系数。本书泰尔指数指的是GE（1）。

② 选用GE（2）来度量不平等意味着对收入差距更加接纳的态度；GE（1）对社会上层收入水平的变化比较敏感；基尼系数对中等收入群体的收入水平波动特别敏感；GE（0）对社会底层收入水平的变化比较敏感。

小。详见表7-2。

表7-2 按不同分类变量和不平等指数估算工资收入差距

	不平等指数	基尼系数	序号	泰尔指数	序号	变异系数	序号
分类变量	全体	0.301 0		0.169 6		0.244 1	
企业所在区域	西部	0.285 4	2	0.143 3	2	0.186 7	2
	中部	0.247 8	3	0.106 6	3	0.126 9	3
	东部	0.309 0	1	0.180 4	1	0.262 2	1
企业规模	小规模企业	0.272 9	3	0.134 4	3	0.178 9	3
	中规模企业	0.303 0	2	0.166 0	2	0.227 4	2
	大规模企业	0.355 3	1	0.234 3	1	0.343 0	1
企业注册类型	国有企业	0.276 0	5	0.134 9	5	0.167 6	6
	集体企业	0.304 3	4	0.175 3	4	0.229 4	4
	股份联合企业	0.255 7	7	0.133 1	6	0.182 0	5
	联营企业	0.230 7	10	0.086 0	10	0.089 2	10
	有限责任公司	0.274 9	6	0.130 5	7	0.159 2	7
	股份有限公司	0.330 1	3	0.195 8	3	0.273 5	3
	私营企业	0.252 7	8	0.110 3	8	0.132 9	8
	港澳台商投资企业	0.388 1	1	0.248 3	1	0.295 2	1
	外商投资企业	0.335 6	2	0.203 1	2	0.278 6	2
	个体经营	0.233 8	9	0.089 8	9	0.101 1	9
企业所属行业	农、林、牧、渔业	0.174 4	18	0.051 1	18	0.048 3	18
	制造业	0.215 0	16	0.078 6	16	0.088 3	16
	电力、热力、燃气及水生产和供应业	0.371 4	3	0.272 7	2	0.429 9	1
	建筑业	0.283 6	10	0.144 1	9	0.187 1	8
	交通运输、仓储和邮政业	0.292 1	8	0.142 8	10	0.170 2	10
	信息传输、计算机服务和软件业	0.412 6	1	0.302 7	1	0.427 9	2
	批发和零售业	0.289 2	9	0.146 4	8	0.186 8	9
	住宿和餐饮业	0.254 7	12	0.112 7	12	0.134 3	12
	金融业	0.328 9	4	0.185 8	5	0.234 1	5

续表

	不平等指数	基尼系数	序号	泰尔指数	序号	变异系数	序号
企业所属行业	房地产业	0.304 9	6	0.199 1	4	0.335 5	3
	租赁和商务服务业	0.250 5	13	0.103 8	13	0.118 2	14
	科学研究、技术服务和地质勘查业	0.239 6	15	0.094 5	15	0.106 1	15
	水利、环境和公共设施管理业	0.300 2	7	0.140 5	11	0.143 0	11
	居民服务和其他服务业	0.280 4	11	0.150 9	7	0.215 3	7
	教育	0.239 7	14	0.100 1	14	0.118 8	13
	卫生、社会保障和社会福利业	0.374 2	2	0.227 1	3	0.226 0	6
	文化、体育和娱乐业	0.311 5	5	0.177 2	6	0.235 5	4
	公共管理与社会组织	0.199 5	17	0.064 4	17	0.062 8	17

从企业所有制看，几种不平等指数的结果基本一致。以 GE（1）为例，工资收入差距最高的是港澳台商和外商投资企业，其次是股份有限公司、集体企业、国有企业，再次是股份联合企业、有限责任公司、私营企业、联营企业、个体经营。

从行业看，四种不平等指数测量结果基本一致。以泰尔指数为例，行业内部工资差距排在前几位的是信息传输、计算机服务和软件业，电力、燃气及水的生产和供应业，卫生、社会保障和社会福利业，房地产业，以及金融业。陈钊、万广华、陆铭（2010）的研究也发现，信息传输、计算机服务和软件业，电力、燃气及水的生产和供应业，房地产业，金融业，对行业收入差距的影响最为明显。同时，结果还表明，制造业，公共管理与社会组织，农、林、牧、渔业行业内收入差距最小。这些结果与以往研究总体一致。例如岳希明、李实和史泰丽（2010）指出行业垄断虽不是导致职工收入差距的最主要原因，但也是仅次于教育的第二重要因素。

7.2.3.2 基于回归方程的工资差距分解

为了深入研究工资差距的影响因素，我们应用夏普里值回归分解原理（Wan，2002；Wan，2004；Shorrocks，1982；Shorrocks，1999），估算出各因素对工资差距的贡献。

表7-3中第3列显示了各变量对工资收入差距的贡献率。按照对工资差距贡献率大小，我们把变量分为几个梯队：第一梯队是教育水平，解释了41%的工资差距；第二梯队是地区变量、企业规模变量，分别解释了18.9%和12.5%的工资差距；第三梯队是其他变量，其解释率为：年龄6.5%、所有制5.8%、工作经验4.9%、户籍3.2%、政治身份1.8%、行业0.9%、婚姻0.8%。与以往研究结论较为一致的是，教育水平对工资收入差距的影响最大，企业规模、地区变量也是重要影响因素（王鹏，2012）。

表7-3　总体工资收入差距回归分解结果

变量	夏普里值	贡献率	排序
户籍	0.007	3.15%	7
年龄	0.007	2.92%	4
年龄平方	0.008	3.60%	
政治身份	0.004	1.78%	8
婚姻	0.002	0.76%	10
工作经验	0.004	1.81%	6
工作经验平方	0.007	3.05%	
教育水平	0.095	41.00%	1
企业规模	0.029	12.53%	3
所有制	0.013	5.75%	5
行业	0.002	0.89%	9
地区	0.044	18.89%	2

注：对年龄和年龄平方、工作经验和工作经验平方的贡献率进行了加总。

如果把个人和企业特征进行分组，个人特征解释了工资差距的59.73%，企业特征解释了工资差距的40.27%。个人特征对工资收入差距影响相对较大，但企业特征的影响总体而言非常大。

7.3 企业社保缴费率对员工工资的影响

中国目前的劳动力市场总量上供给大于需求，雇主拥有较大的权力，基本符合劳动力买方市场的条件，故本章假定中国背景下的员工工资也能够反映企业用工形式的变化。

7.3.1 模型构建

首先，估算企业社保缴费对企业层面工资总额和雇员层面个人平均工资的影响。借鉴 Montgomery，Shaw & Benedict（1992），以及 Li & Wu（2013）的研究，本书基本模型设定如下：

$$W_i = \alpha_0 + \alpha_1 BW_i + X_i'\alpha_2 + \alpha_r + \alpha_s + \varepsilon_i \tag{7-2}$$

其中，W_i 表示 i 企业员工工资总额和 i 企业员工个人工资水平；BW_i 表示 i 企业社保缴费额占工资总额比重；X_i 表示 i 与工资总额有关的企业内部变量；α_r 表示企业规模、企业控股类型和行业控制变量；α_s 表示地区控制变量；ε_i 表示误差项。

其次，估算企业社保缴费对不同类型员工个人月平均工资的影响。

对于 n 个方程（即 n 个解释变量）的系统模型，可以选用“似不相关回归”（SUR）模型，具体形式如下：

$$y_i = X_i\beta_i + \varepsilon_i \quad (i = 1, 2, \cdots, n) \tag{7-3}$$

设定每个方程共有 T 个观测值（满足 $T>n$），第 i 个方程有 K_i 个解释变量，则 y_i 为 $T\times1$ 向量，X_i 为 $T\times K_i$ 矩阵，β_i 为 $K_i\times1$ 向量，ε_i 为 $T\times1$ 向量。

扰动项 ε 的协方差矩阵可写成：

$$\Omega \equiv Var(\varepsilon) = E(\varepsilon\varepsilon') \tag{7-4}$$

假设同一方程不同期的扰动项不存在自相关，且各扰动项的方差相等。记第 i 个方程的方差为 σ_{ii}，协方差矩阵 Ω 中第（ii）个矩阵写为：$E(\varepsilon_i\varepsilon_i') = \sigma_{ii}I_T$，其中 I_T 为 T 阶单位矩阵。假设不同方程的扰动项存在“同期相关”①，

$$E(\varepsilon_{it}\varepsilon_{js}) = \begin{cases}\sigma_{ij},\ t=s \\ 0,\ t\neq s\end{cases} \tag{7-5}$$

则协方差矩阵 Ω 中第（ij）个矩阵写为：$E(\varepsilon_i\varepsilon_j')$。提取出公共的因子 I_T，此时协方差矩阵 Ω 可以写成：$\Omega = \sum \otimes L_T$，其中⊗代表克罗内克尔乘积（Kronecker Product）。

如果 Ω 已知，则 GLS 是最有效的估计，此时：

$$\hat{\beta}_{GLS} = (X'\Omega^{-1}X)^{-1}X'\Omega^{-1}y = [X'(\sum{}^{-1}\otimes I_T)X]^{-1}X'(\sum{}^{-1}\otimes I_T)_y \tag{7-6}$$

按照 CMEELS 数据的雇主问卷，本书将员工类型划分为五类：管理人员、专业技术人员、行政办事人员、技术工人、普通工人/一般员工。作为企业劳动力总成本支出的一部分，不同类型员工之间可能存在竞争，即不同类型员工需求函数的误差项之间可能存在相关性。因此，估算企业社保缴费对不同类型员工影响时，选用 SUR 模型进行分析。因为 SUR 模型满足了这一条件，即各个方程的变量之间没有内在联系，但方程扰动项之间存在相关性。

① 由于本书使用截面数据，“同期相关”即不同方程对应的扰动项之间存在相关性。

类似地，SUR 模型设定如下：

$$W_{ij} = \alpha_0 + \alpha_1 BW_i + X_i'\alpha_2 + \alpha_r + \alpha_s + \varepsilon_i \tag{7-7}$$

其中，W_{ij} 表示 i 企业 j 类员工月平均工资；BW_i 和 X_i 变量设定类似式（7-2）。

7.3.2 数据来源、变量定义与统计描述

7.3.2.1 数据来源

本章实证分析依旧采用 CMEELS 数据，相关数据介绍见上节。2012 年样本涵盖了十个城市，2013 年加入了广州和太原两个城市。12 个城市分别隶属不同经济区域①，具有较高代表性，能够作为本部分进行经验分析的基础。

7.3.2.2 变量定义与统计描述

因变量分别包括：企业层面的员工工资总额；企业内部员工个人月平均工资；不同类型员工个人月平均工资。其中，员工类型包括五类，管理人员、专业技术人员、行政办事人员、技术工人、普通工人、一般员工②，不同类型员工月平均工资均对数化处理。

我们在以往研究中发现，教育水平、地区变量、企业规模等对工资收入差距的贡献最大，个人特征解释了工资差距的 59.73%，企业特征解释了工资差距的 40.27%，个人特征与企业特征对工资收入差距影响相当（徐凤辉和赵忠，2014）。本章集中考察了企业特征对员工个人工

① 八大经济区域：东北综合经济区（辽宁、吉林、黑龙江）、北部沿海综合经济区（北京、天津、河北、山东）、东部沿海综合经济区（上海、江苏、浙江）、南部沿海经济区（福建、广东、海南）、黄河中游综合经济区（陕西、山西、河南、内蒙古）、长江中游综合经济区（湖北、湖南、江西、安徽）、大西南综合经济区（云南、贵州、四川、重庆、广西）、大西北综合经济区（甘肃、青海、宁夏、西藏、新疆）。

② 由于其他人员月平均工资取对数后，出现了 315 个缺失值，占 444 个样本的 70.9，故将此类员工月平均工资分类删除。

资水平的影响。故解释变量设定为企业社保缴费率、其他企业特征、行业特征和地区特征等。

主要自变量包括：企业社保缴费占工资总额比重，即社保缴费-工资比率；同时也包括企业社保缴费员工比重、其他福利-工资比率、福利费用总额、员工工资总额、企业员工数等影响企业用工成本的因素。

企业特征变量包括：企业年龄、全年营业收入、固定资产总计、企业规模（大、中、小规模），企业不同注册类型，以及企业所处行业。此外，还包括地区控制变量。详见表7-4。

表7-4　主要变量描述性统计

变量	观测值	均值	标准差	最小值	最大值
因变量（原始值）					
企业员工个人月平均工资（元）	4 236	2 872.27	2 471.60	500	43 500
管理人员月平均工资（元）	758	3 702.06	3 274.01	1 000	43 500
专业技术人员月平均工资（元）	564	3 560.98	2 778.13	800	40 000
行政办事人员月平均工资（元）	489	2 881.10	2 193.74	800	28 000
技术工人月平均工资（元）	312	2 645.88	957.24	800	7 500
普通工人/一般员工平均工资（元）	2 111	2 418.77	2 120.37	500	37 000
自变量					
社保缴费-工资比率（%）	4 355	15.18	11.33	0.00	70.00
社保缴费员工比重（%）	4 473	56.32	43.51	0.00	100.00
其他福利-工资比率（%）	4 325	5.07	6.12	0.00	60.00
福利费用总额（取对数）	4 079	4.06	1.79	-1.20	9.99
员工工资总额（取对数）	3 793	15.21	1.48	8.70	19.51
企业员工数（取对数）	4 535	4.69	1.26	2.71	9.84
企业诞生年数（年）	4 507	14.51	13.86	0.00	112.00
企业诞生年数平方	4 507	402.69	996.83	0.00	12 544.00
企业全年营业收入（取对数）	4 411	17.10	1.95	9.52	25.33
固定资产总计（取对数）	4 318	15.87	2.38	9.90	26.71
企业利润总额（取对数）	4 012	14.93	2.05	6.91	20.72

7.3.3 企业社保缴费率对工资总额的影响

按照经济学常识，模型基本假设是企业社保缴费与员工工资总额应存在负向关系，即企业社保缴费对员工工资存在挤出效应。表 7-5 中 OLS 结果表明，企业社保缴费-工资总额比率每提高 1%，将使企业员工工资总额下降 1.1%，且在 1%水平上统计显著。

表 7-5 企业社保缴费率对工资总额影响

被解释变量：员工工资总额（取对数）					
	OLS	2SLS_城市—行业平均缴费率		OLS	2SLS_城市—行业平均缴费率
	模型 1	模型 2		模型 1（续）	模型 2（续）
社保缴费-工资比率（%）	-0.011 *** (0.001)	-0.011 *** (0.005)	个体经营	-0.010 (0.055)	-0.001 (0.172)
社保缴费员工比重（%）	0.002 *** (0.000)	0.002 *** (0.001)	农、林、牧、渔业	-0.028 (0.051)	-0.006 (0.156)
其他福利-工资比率（%）	-0.009 *** (0.002)	-0.005 (0.006)	电力、燃气及水的生产和供应业	-0.288 *** (0.053)	-0.385 ** (0.190)
福利费用总额（取对数）	0.226 *** (0.009)	0.221 *** (0.030)	建筑业	0.215 *** (0.027)	0.207 *** (0.084)
企业员工数（取对数）	0.637 *** (0.013)	0.648 *** (0.041)	交通运输、仓储和邮政业	0.209 *** (0.036)	0.156 (0.111)
企业诞生年数（年）	-0.002 (0.002)	0.000 (0.006)	信息传输、计算机服务和软件业	0.556 *** (0.041)	0.468 *** (0.129)
企业诞生年数平方	-0.000 003 (0.000 032)	0.000 05 (0.000 10)	批发和零售业	-0.140 *** (0.022)	-0.122 * (0.071)
企业全年营业收入（取对数）	0.060 *** (0.008)	0.053 ** (0.025)	住宿和餐饮业	-0.069 ** (0.032)	-0.073 (0.101)

续表

被解释变量：员工工资总额（取对数）					
	OLS	2SLS_城市—行业平均缴费率		OLS	2SLS_城市—行业平均缴费率
	模型 1	模型 2		模型 1（续）	模型 2（续）
固定资产总计（取对数）	0.006 (0.005)	0.015 (0.014)	金融业	0.167*** (0.045)	0.214 (0.140)
企业利润总额（取对数）	-0.003 (0.006)	-0.008 (0.018)	房地产业	0.061 (0.068)	-0.021 (0.215)
大规模企业	0.443*** (0.035)	0.472*** (0.116)	租赁和商务服务业	-0.070* (0.038)	-0.104 (0.118)
中等规模企业	0.137*** (0.021)	0.158** (0.067)	科学研究、技术服务和地质勘查业	0.164*** (0.053)	0.110 (0.155)
东部地区	0.236*** (0.022)	0.279*** (0.072)	水利、环境和公共设施管理业	0.060 (0.069)	-0.020 (0.217)
中部地区	0.231*** (0.022)	0.250*** (0.071)	居民服务和其他服务业	-0.128*** (0.028)	-0.121 (0.088)
集体企业	0.142*** (0.044)	0.102 (0.147)	教育	-0.222*** (0.063)	-0.253 (0.193)
股份联合企业	0.097* (0.057)	0.024 (0.184)	卫生、社会保障和社会福利业	0.106 (0.072)	0.206 (0.213)
联营企业	0.196* (0.121)	0.231 (0.375)	文化、体育和娱乐业	-0.095 (0.072)	-0.082 (0.258)
有限责任公司	0.146*** (0.026)	0.115 (0.085)	常数项	10.097*** (0.106)	10.090*** (0.312)
股份有限公司	-0.058* (0.032)	-0.111 (0.102)	样本量	292	292
私营企业	0.052* (0.029)	0.036 (0.091)	R-square	0.9239	0.9239

续表

被解释变量：员工工资总额（取对数）					
	OLS	2SLS_城市—行业平均缴费率		OLS	2SLS_城市—行业平均缴费率
	模型 1	模型 2		模型 1（续）	模型 2（续）
港澳台商投资企业	0.028 （0.048）	0.060 （0.153）	Ad. R-square	0.912 1	
外商投资企业	0.587*** （0.049）	0.499*** （0.151）			

注：①***、**和*分别表示在1%、5%和10%的水平上统计显著；（）内为标准差。

②企业规模，包括大规模、中等规模、小规模（对照组）；注册类型，包括国有企业（对照组）、集体企业、股份联合企业、联营企业、有限责任公司、股份有限公司、私营企业、港澳台商和外商投资企业；行业以制造业为对照组。

考虑到式（7-2）中的主要解释变量企业社保缴费额-员工工资总额的比率、企业社保缴费员工比重可能存在内生性问题，ε_i 中所有影响 W_i 的遗漏变量均能影响 BW_i，使得 α_1 的估计值偏大。因此本书选择城市—行业平均的社保缴费比率作为工具变量，解决主要解释变量的内生性问题。采用 Hausman 检验显示，企业社保缴费额、员工工资总额的比率、企业社保缴费员工比重这两个解释变量均不存在内生性问题。豪斯曼检验原假设中所有解释变量都是外生给定的，Stata 软件分析结果显示，模型以 P=0.941 3 的概率接受原假设，说明解释变量企业社保缴费额-员工工资总额的比率为外生解释变量。同样，以城市—行业平均缴费率作为另一解释变量社保缴费员工比重的工具变量，检验结果也是以 P=0.941 3 的概率接受原假设。

其他劳动力成本影响因素中，社保缴费员工比重、福利费用总额、企业员工数对企业工资总额的影响为正，即上述三个变量每提高 1%，将分别使得企业工资总额增加0.2%、22.6%和63.7%，且均在1%水平上统计显著。但其他福利-工资比率每上升1%，会减少企业工资总额0.9%，在1%水平上统计显著。可见，中国企业确实存在社保缴费-工资比率和福利-工资比率对企业工资总额的挤出效应。

企业特征影响因素中，企业成立年限对工资总额产生的正向或负向影响并不明确，也不显著。而企业全年营业收入每提高1%，企业工资总额在1%水平上显著增加6%；相比之下，企业利润对工资总额的影响不大，甚至产生负向影响却不显著。固定资产总额的影响也不显著。

控制变量中：相比小规模企业，大规模和中等规模企业的平均工资总额分别高出44.3%和13.7，均在1%水平上统计显著；与西部地区相比，东部地区和中部地区企业的平均工资总额分别高出23.6%和23.1%，均在1%水平上统计显著。

而企业注册类型变量的影响有些出乎意料。相比国有企业平均工资总额，集体企业显著高14.2%，股份联合企业显著高0.7%，联营企业显著高19.6%，有限责任公司显著高14.6%，股份有限公司显著低14.6%，私营企业显著高5.2%，外商投资企业显著高58.7%。加入城市-行业平均缴费率这一工具变量后，除了外商投资企业平均工资总额显著高出国有企业49.9%，其他类型企业平均工资总额与国有企业差别不大。

行业变量中，显著低于制造业企业平均工资总额行业包括：电力、热力、燃气及水生产和供应业-28.8%（-38.5%），批发和零售业-14%（-12.2%），住宿和餐饮业-6.9%，租赁和商务服务业-0.7%，居民服务和其他服务业-12.8%，甚至教育业也显著低22.2%；显著高于制造业企业平均工资总额行业包括：建筑业21.5%（20.7%），交通运输、仓储和邮政业20.9%，信息传输、计算机服务和软件业55.6%（46.8%），金融业16.7%，科学研究、技术服务和地质勘查业16.4%。然而加入城市—行业平均缴费率这一工具变量后，影响显著的变量仅包括以上带有括号的变量，而教育行业的平均工资总额与制造业也无明显差异。很多控制变量的影响出乎意料，可能原因是企业样本量偏少，仅有292个。而在企业样本调查中，不同注册类型、不同行业企业数所占比重可能存在此轻彼重的问题。

7.3.4 企业社保缴费率对员工个人月平均工资的影响

工资总额对于企业而言是劳动用工成本，对于个体员工而言则是工作收入。上文中我们考察了企业社保缴费率对企业工资总额的影响，或者说法实证分析了企业社保缴费率与企业用工成本的关系。因为企业工资总额的分配体系较为复杂，可能存在人为因素、企业因素，也可能存在外部行业或劳动力市场因素的影响。但在企业单位内部，员工个人工资收入受到来自企业社保缴费率这一因素的影响本次未被研究者考察。因此，下面我们将继续考察企业社保缴费率对员工个人月平均工资的影响。

按照经济学常识和经验判断，企业社保缴费与员工个人工资也应存在负向关系，但影响机制可能较为复杂，影响幅度可能较小。本章实证研究过程中，通过比较不同的识别策略，验证了中国背景下企业社保缴费率对员工个人工资依然存在挤出效应，仅是影响幅度比对工资总额的小。表7-6（第2~5列）实证结果显示，企业社保缴费率每提高1%，将使员工个人平均工资下降0.1%~0.7%，且至少在10%水平上统计显著。

表 7-6 企业社保缴费比率对员工个人工资水平影响

被解释变量：企业员工个人月平均工资（取对数）				
	OLS			2SLS：城市和城市—行业平均缴费率
	模型 1	模型 2	模型 3	模型 4
社保缴费-工资比率（%）	-0. 004 *** (0. 001)	-0. 003 *** (0. 001)	-0. 001 * (0. 001)	-0. 007 * (0. 004)
社保缴费员工比重（%）	0. 001 2 *** (0. 000 2)	0. 001 2 *** (0. 000 2)	0. 001 2 *** (0. 000 2)	0. 008 * (0. 005)
其他福利-工资比率（%）	0. 007 *** (0. 002)	0. 004 ** (0. 002)	-0. 001 (0. 002)	-0. 005 (0. 004)
福利费用总额（取对数）	0. 070 *** (0. 009)	0. 050 *** (0. 009)	0. 020 ** (0. 009)	-0. 014 (0. 026)
员工工资总额（取对数）	0. 103 *** (0. 012)	0. 088 *** (0. 013)	0. 109 *** (0. 018)	-0. 015 (0. 088)
企业员工数（取对数）	-0. 140 *** (0. 013)	-0. 150 *** (0. 014)	-0. 134 *** (0. 017)	-0. 015 (0. 085)
企业诞生年数（年）		-0. 009 *** (0. 002)	-0. 011 *** (0. 002)	-0. 003 (0. 006)
企业诞生年数平方		0. 000 10 *** (0. 000 03)	0. 000 12 *** (0. 000 03)	-0. 000 01 (0. 000 10)
企业全年营业收入（取对数）		0. 033 *** (0. 007)	0. 018 ** (0. 008)	0. 036 ** (0. 016)
固定资产总计（取对数）		-0. 001 (0. 005)	-0. 003 (0. 005)	-0. 003 (0. 006)
企业利润总额（取对数）		0. 019 *** (0. 006)	0. 014 ** (0. 006)	0. 011 (0. 007)
大规模企业			0. 055 (0. 035)	0. 005 (0. 055)

续表

被解释变量：企业员工个人月平均工资（取对数）				
	OLS			2SLS：城市和城市—行业平均缴费率
	模型 1	模型 2	模型 3	模型 4
中等规模企业			0.060*** (0.021)	0.124** (0.051)
东部地区			0.367*** (0.022)	0.430*** (0.051)
中部地区			0.228*** (0.022)	0.343*** (0.084)
集体企业			-0.021 (0.043)	0.047 (0.071)
股份联合企业			0.185*** (0.058)	0.097 (0.094)
联营企业			0.396*** (0.118)	0.191 (0.203)
有限责任公司			0.094*** (0.026)	0.177*** (0.065)
股份有限公司			0.064** (0.031)	0.064* (0.038)
私营企业			0.122*** (0.028)	0.235*** (0.085)
港澳台商投资企业			0.397*** (0.050)	0.374*** (0.063)
外商投资企业			0.302*** (0.050)	0.537*** (0.174)
个体经营			0.128** (0.054)	0.392** (0.194)

续表

被解释变量：企业员工个人月平均工资（取对数）				
	OLS			2SLS：城市和城市—行业平均缴费率
	模型 1	模型 2	模型 3	模型 4
农、林、牧、渔业			0.125*** (0.050)	0.117* (0.062)
电力、热力、燃气及水生产和供应业			-0.069 (0.052)	-0.149* (0.085)
建筑业			0.122*** (0.027)	0.104*** (0.035)
交通运输、仓储和邮政业			0.105*** (0.035)	0.039 (0.063)
信息传输、计算机服务和软件业			0.192*** (0.042)	0.046 (0.114)
批发和零售业			-0.059*** (0.022)	-0.152** (0.070)
住宿和餐饮业			-0.044 (0.032)	0.027 (0.063)
金融业			0.133*** (0.046)	-0.117 (0.182)
房地产业			0.014 (0.069)	-0.026 (0.089)
租赁和商务服务业			-0.115*** (0.038)	-0.068 (0.057)
科学研究、技术服务和地质勘查业			-0.004 (0.054)	-0.253 (0.185)
水利、环境和公共设施管理业			-0.191*** (0.067)	-0.187** (0.083)

续表

被解释变量：企业员工个人月平均工资（取对数）				
	OLS			2SLS：城市和城市—行业平均缴费率
	模型 1	模型 2	模型 3	模型 4
居民服务和其他服务业			-0.124*** (0.028)	-0.166*** (0.045)
教育			-0.309*** (0.066)	-0.265*** (0.087)
卫生、社会保障和社会福利业			-0.087 (0.073)	0.115 (0.166)
文化、体育和娱乐业			-0.086 (0.072)	-0.075 (0.088)
常数项	6.581*** (0.133)	6.180*** (0.163)	5.922*** (0.208)	6.651*** (0.566)
样本量	3 365	3 005	2 930	2 930
R-square	0.123 6	0.144 5	0.314 4	
Ad. R-square	0.126 1	0.141 4	0.304 9	

注：①***、**和*分别表示在1%、5%和10%的水平上统计显著；()内为标准差。

②企业规模，包括大规模、中等规模、小规模（对照组）；注册类型，包括国有企业（对照组）、集体企业、股份联合企业、联营企业、有限责任公司、股份有限公司、私营企业、港澳台商和外商投资企业；行业以制造业为对照组。

在此我们依然不能忽视两个主要的解释变量，即企业社保缴费额-员工工资总额的比率、企业社保缴费员工比重，可能存在内生性的问题。依旧采用工具变量法解决内生性问题，但增加了“城市平均的社保缴费比率”这个工具变量，与“城市-行业平均的社保缴费比率”一起，分别作为两个变量的工具变量。采用Hausman检验发现，单独使用和联合利用两个工具变量均显示企业社保缴费额-员工工资总额的比率这一变量不存在内生性问题，而企业社保缴费员工比重这一解释变量却存在内生性问题。使用工具变量后，实证结果表明，企业社保缴费额-员工工资总额的比率的系数提高了，缴费员工比重的系数也提高了。这进一步验证了，企业社保缴费-工资总额比率可能会通过缴费员工比重这一变量对员工个人工资产生影响。

表7-6第4、5列分别显示，企业社保缴费-工资总额比率费每提高1%，将引起员工个人月平均工资下降0.1%和0.7%，且均在10%水平上统计显著。来自中国的经验证据表明，我国企业社保缴费率对员工个人月平均工资也存在挤出效应。在其他劳动力成本因素中：社保缴费员工比重每提高1%，将引起员工个人月平均工资上升0.1%和0.8%，分别在1%和10%水平上统计显著。福利因素、员工工资总额、企业员工人数三个因素对员工个人月平均工资的影响为负，但统计不显著（见表7-6第5列）。我们在研究中发现，加入工具变量后，工资总额和其他福利总额的影响由正变为负，但不显著。

企业其他特征中，企业诞生年数（和平方项）的影响为负，但在模型3中，企业诞生年数对员工平均工资存在U形显著影响，以企业成立45.8年为转折点。本书发现，所在企业诞生年数超过46年的员工样本，仅占6.1%。在这里，我们依然不能验证企业诞生年数对企业员工工资的影响，有待研究者深入分析。而全年营业收入的影响为正（0.036），且在5%水平上统计显著，类似于上文，该因素对工资总额的影响也为正。企业固定资产的影响为负，但不显著，但我们不能否认企业中存在“资本挤出劳动”现象。企业利润总额仅在模型3中存在显著影响，即其每提高1%，将引起员工个人月平均工资1.4%。但上文实证显示，企业利润总额对工资总额的影响为负数，但不显著。

在控制变量中：相比小规模企业，中等规模企业员工工资平均水平高出6%，在1%水平上统计显著，加入工具变量后，甚至升为12.4%；而大规模企业并未表现出比小规模企业更明显的高工资水平。相比西部地区，东部地区员工个人平均工资高出36.7%，而中部则高出22.8%，加入工具变量后，分别变为43%和34.3%，且都在1%水平上统计显著。明显高于国有企业员工个人平均工资水平的企业类型包括：股份联合企业18.5%，联营企业39.6%，有限责任公司9.4%，股份有限公司6.4%，私营企业12.2%，港澳台商投资企业39.7%，外商投资企业30.2%，个体经营12.8%。但加入工具变量后，显著的企业类型仅包括：有限责任公司17.7%，股份有限公司6%，私营企业23.5%，港澳台商投资企业37.4%，外商投资企业53.7%，个体经营39.2%。虽然多数类型企业员工个人平均工资显著高于国有企业，但不能忽视国有企业福利较高以及工作环境优越等事实。

我国制造业工资水平偏低。本部分实证结果显示，相比制造业员工月平均工资水平，农、林、牧、渔业甚至显著高11.7%，建筑业显著高10.4%（第4列加入工具变量后）。但我国整体工资水平偏低也是事实。相比制造业员工月平均工资水平，电力、热力、燃气及水的生产和供应业显著低14.9%，批发和零售业显著低15.2%，水利、环境和公共设施管理业显著低18.7%，居民服务和其他服务业显著低16.6%，教育业员工月平均工资水平也显著低于制造业26.5%。

7.3.5 企业社保缴费对不同类型员工工资的影响

企业内部存在不同职种、不同技术等级、不同管理级别等划分，每类员工的工资收入是职种、技术等级、管理级别等个人因素得到的综合报酬。针对员工类型（或技能）对工资收入差距的影响，Acemoglu &

Autor（2011）首次建立了技能偏向型模型，把劳动力划分成高、低技能两个组，由于两组别的职业岗位和生产产品不能完全替代，因此其工资差距也会出现递增或递减的变化趋势。

但 Autor & Dorn（2013）以美国为例，认为 Acemoglu & Autor 的技能偏向型模型并不能很好地解释美国 20 世纪 80 年代劳动力市场的变化，进而将劳动者划分为高技能、中等技能和低技能三类，具体将不同职业按工作内容细分为手动、常规和抽象；同时发现，高技能和中等技能劳动者在就业数量增加和工资收入增加两方面均超过了低技能劳动者。这一现象，在中国是否存在以及表现如何，是本书接下来即将考证的内容。

在上文企业工资总额、企业员工月平均工资基础上，我们再进一步深入分析企业社保缴费-工资总额的比率对不同类型员工（将员工按照职种划分为五类）个人工资的影响。从表 7-7 实证结果看，社保缴费对不同类型员工工资的影响存在一定差异，而且不同层级的社保缴费率对不同类型员工工资的影响也各有不同。对于管理人员，不存在社保缴费率与个人工资的替代效应，社保缴费有可能提高个人工资，但影响均不显著。对专业技术人员而言，社保缴费率对个人工资存在负向影响，但不显著；而城市社保缴费率均值、行业社保缴费率均值每提高 1%，个人工资将分别变化 3.1%和-25%，且均在 1%水平上统计显著。对于行政办事人员，社保缴费率对个人工资可能存在负向影响，城市社保缴费率均值、行业社保缴费率均值对个人工资可能存在正向影响，但均不显著。对于技术工人，社保缴费率每提高 1%，个人工资会下降 1.1%，且在 5%水平上统计显著；城市社保缴费率均值每提高 1%，个人工资将增加 2.8%，且在 1%水平上统计显著；而行业社保缴费率均值对其工资影响不显著。对于普通工人/一般员工，企业社保缴费率对其工资影响不显著；城市社保缴费率均值、行业社保缴费率均值每增加1%，将使其月平均工资分别变化-7.9%和52.4%，均在1%水平上统计显著。

表 7-7　企业社保缴费对不同类型员工工资影响

被解释变量：员工个人月平均工资（对数）					
	管理人员	专业技术人员	行政办事人员	技术工人	普通工人/一般员工
	模型 1	模型 2	模型 3	模型 4	模型 5
社保缴费-工资比率（%）	0.000 8 (0.11)	-0.000 8 (-0.13)	-0.000 4 (-0.08)	-0.010 9** (-2.16)	0.006 6 (0.73)
城市社保缴费-工资比率均值（%）	0.013 0 (0.96)	0.031 2*** (2.64)	0.002 15 (0.21)	0.027 6*** (2.86)	-0.079 4*** (-4.61)
行业社保缴费-工资比率均值（%）	0.153 (1.37)	-0.250*** (-2.57)	0.050 4 (0.60)	0.026 5 (0.33)	0.524*** (3.69)
社保缴费员工比重（%）	0.001 8 (1.21)	0.003 7*** (2.89)	0.003 1*** (2.81)	0.001 4 (1.37)	-0.009*** (-4.81)
其他福利-工资比率（%）	-0.005 (-0.38)	-0.011 (-0.91)	0.010 (0.98)	-0.004 (-0.39)	0.011 (0.65)
福利费用总额（对数）	0.047 (0.76)	-0.049 (-0.90)	-0.012 (-0.25)	-0.051 (-1.16)	0.116 (1.47)
员工工资总额（对数）	-0.221 (-1.60)	0.249** (2.07)	-0.127 (-1.22)	0.005 (0.06)	0.0164 (0.09)
企业员工数（对数）	0.276** (2.08)	-0.185 (-1.60)	0.162 (1.62)	-0.103 (-1.09)	-0.117 (-0.69)
企业诞生年数（年）	-0.002 (-0.30)	0.009* (1.89)	0.007* (1.83)	0.004 (1.16)	-0.016*** (-2.47)
企业全年营业收入（对数）	0.030 3 (0.46)	0.044 1 (0.78)	-0.082* (-1.67)	0.100** (2.16)	-0.057 6 (-0.69)

续表

被解释变量：员工个人月平均工资（对数）					
	管理人员	专业技术人员	行政办事人员	技术工人	普通工人/一般员工
	模型 1	模型 2	模型 3	模型 4	模型 5
固定资产总计（对数）	0.029 9 (0.86)	0.068 2** (2.26)	0.032 9 (1.26)	-0.016 1 (-0.65)	-0.121*** (-2.74)
企业利润总额（对数）	-0.046 8 (-1.03)	-0.058 6 (-1.48)	0.067 5** (1.97)	-0.050 6 (-1.57)	0.123** (2.13)
大规模企业	-0.152 (-0.54)	-0.460* (-1.88)	0.240 (1.13)	0.385** (1.93)	-0.007 (-0.02)
中等规模企业	-0.053 1 (-0.32)	-0.042 3 (-0.29)	-0.087 9 (-0.70)	0.288** (2.44)	-0.159 (-0.76)
东部地区	0.244 (1.36)	0.121 (0.77)	0.607*** (4.50)	0.151 (1.19)	-0.714*** (-3.14)
中部地区	0.418*** (2.50)	0.083 8 (0.58)	0.478*** (3.80)	0.050 1 (0.42)	-0.725*** (-3.42)
集体企业	0.279 (0.79)	-0.272 (-0.89)	0.058 7 (0.22)	-0.097 2 (-0.39)	-0.087 1 (-0.19)
股份联合企业	0.649 (1.50)	0.115 (0.30)	0.349 (1.07)	0.539* (1.75)	-1.865*** (-3.38)
联营企业	-0.477 (-0.64)	-0.538 (-0.83)	-0.162 (-0.29)	0.159 (0.30)	1.248 (1.32)
有限责任公司	0.338* (1.63)	0.077 4 (0.43)	0.256* (1.64)	-0.216 (-1.47)	-0.395 (-1.50)
股份有限公司	0.300 (1.21)	0.123 (0.57)	0.160 (0.86)	-0.399** (-2.27)	-0.182 (-0.58)
私营企业	0.174 (0.78)	0.132 (0.68)	0.347** (2.07)	-0.160 (-1.01)	-0.543* (-1.92)
港澳台商投资企业	0.200 (0.52)	0.262 (0.79)	0.709*** (2.46)	-0.058 5 (-0.22)	-1.763*** (-3.62)

续表

被解释变量：员工个人月平均工资（对数）					
	管理人员	专业技术人员	行政办事人员	技术工人	普通工人/一般员工
	模型 1	模型 2	模型 3	模型 4	模型 5
外商投资企业	0.750*	-0.196	0.329	-0.404	-0.429
	(1.89)	(-0.57)	(1.10)	(-1.43)	(-0.85)
个体经营	0.572	0.293	0.065 3	0.799***	-1.294**
	(1.32)	(0.78)	(0.20)	(2.59)	(-2.34)
农、林、牧、渔业	0.712	-1.038***	0.168	-0.599*	2.175***
	(1.47)	(-2.47)	(0.46)	(-1.74)	(3.53)
电力、热力、燃气及水的生产和供应业	-0.733	1.372**	-0.840	0.418	-2.996***
	(-0.93)	(2.00)	(-1.41)	(0.75)	(-2.99)
建筑业	-0.324	1.459***	0.559**	-0.725***	-2.247***
	(-0.86)	(4.46)	(1.97)	(-2.71)	(-4.70)
交通运输、仓储和邮政业	-0.545	1.080***	-0.242	-0.747**	-1.202**
	(-1.24)	(2.83)	(-0.73)	(-2.40)	(-2.15)
信息传输、计算机服务和软件业	-0.207	1.333***	0.584**	-0.409	-2.183***
	(-0.57)	(4.20)	(2.13)	(-1.58)	(-4.71)
批发和零售业	-0.254	-0.137	-0.096	-0.420***	0.684***
	(-1.41)	(-0.88)	(-0.71)	(-3.28)	(2.98)
住宿和餐饮业	0.143	-0.401**	-0.261	-0.403**	0.732**
	(0.60)	(-1.93)	(-1.45)	(-2.37)	(2.41)
金融业	-0.003	-0.540*	0.699**	-0.879***	-0.145
	(-0.01)	(-1.63)	(2.43)	(-3.24)	(-0.30)
房地产业	-0.575	2.384**	-0.752	-1.029	-4.832***
	(-0.51)	(2.42)	(-0.88)	(-1.28)	(-3.35)
租赁和商务服务业	-0.000 2	0.654**	-0.053 3	-0.659***	-1.068**
	(-0.00)	(2.09)	(-0.20)	(-2.58)	(-2.33)
科学研究、技术服务和地质勘查业	-0.962**	0.834**	0.403	-0.550*	-1.580***
	(-2.02)	(2.02)	(1.13)	(-1.63)	(-2.62)

续表

被解释变量：员工个人月平均工资（对数）					
	管理人员	专业技术人员	行政办事人员	技术工人	普通工人/一般员工
	模型 1	模型 2	模型 3	模型 4	模型 5
水利、环境和公共设施管理业	−1.157 (−1.21)	1.897** (2.29)	−0.459 (−0.64)	−0.769 (−1.14)	−2.678** (−2.21)
居民服务和其他服务业	−0.216 (−1.00)	−0.366** (−1.96)	−0.035 0 (−0.22)	−0.084 2 (−0.55)	0.326 (1.19)
教育	−0.709 (−1.10)	0.086 2 (0.15)	−0.252 (−0.52)	−1.335*** (−2.91)	−0.298 (−0.36)
卫生、社会保障和社会福利业	−0.757 (−1.17)	1.491*** (2.65)	1.268*** (2.60)	−0.956** (−2.08)	−2.612*** (−3.17)
文化、体育和娱乐业	1.269* (1.74)	−1.091* (−1.72)	0.904* (1.65)	−0.769 (−1.48)	1.556* (1.68)
常数项	—	—	—	—	—
N	3 279	3 279	3 279	3 279	3 279
R^2	0.133	0.437	0.449	0.337	0.634
F 统计量	669.81	612.63	495.33	404.74	3 833.74

注：①***、**和*分别表示在1%、5%和10%的水平上统计显著；()内为标准差。

②企业规模，包括大规模、中等规模、小规模（对照组）；注册类型，包括国有企业（对照组）、集体企业、股份联合企业、联营企业、有限责任公司、股份有限公司、私营企业、港澳台商和外商投资企业；行业以制造业为对照组。

从以上实证结果可以看出，企业社保缴费对不同类型员工工资的影响路径和影响结果可能不一致；企业社保缴费率对员工工资的影响总体上不明显；一个城市平均企业社保缴费率越高，对大多数类型员工的工资增长具有提升作用，但对低技能员工工资却存在明显的挤出效应；一个行业平均企业社保缴费率越高，对大多数类型员工工资增长也具有提升作用，对普通工人/一般员工表现出更大幅度的影响，但对专业技术人员却存在显著的替代效应。

企业内部社保缴费员工比重高低，对管理人员和技术工人工资的影响不显著；但社保缴费员工比重每提高1%，将使专业技术人员和行政办事人员工资提高0.4%和0.3%，均在1%水平上统计显著；社保缴费员工比重每提高1%，却会使普通工人/一般员工的月平均工资减少0.9%，在1%水平上统计显著。

其他企业特征中：福利因素对不同类型员工的影响均不显著，可能因为企业的福利是企业量力而行的结果，具有较强的弹性以适应企业的销售额或利润，不会成为企业难以摆脱的负担，尤其是在我国劳动力供给大于需求的背景下。企业工资总额对不同类型员工月工资的影响也不明显，仅专业技术人员除外，即企业工资总额每提高1%，专业技术人员月工资提高24.9%，在5%水平上统计显著。企业员工数每提高1%，管理人员月工资提高27.6%，在5%水平上统计显著。企业诞生年数每增加1年，普通工人/一般员工的月平均工资减少1.6%，在1%水平上统计显著。此外，营业收入、固定资产和企业利润对不同类型员工月工资的影响，似乎也并无规律。不难看出，员工个人工资与企业特征的关系并不明显，影响可能更多来自企业的管理理念、人力资源制度等因素。

控制变量中：相比小规模企业，大规模企业专业技术人员月工资显著低46%，大规模企业技术工人月工资显著高38.5%，中等规模企业技术工人月工资显著高28.8%，其他类型员工月工资在大、中、小规模企业之间差别不大。相比西部地区，中部地区管理人员月工资高48.8%，东、中部地区行政办事人员月工资分别显著高60.7%和47.8%。但奇怪的是，相比西部地区，东、中部地区普通工人/一般员工月工资却分别低71.4%和72.5%，且均在1%水平上统计显著。

登记注册类型变量：相比国有工业企业，有限责任公司管理者月工资显著高出33.8%，其他类型工业企业管理人员月工资没有明显差别；相比国有工业企业，其他类型工业企业专业技术人员月工资没有明显差别；有限责任公司、私营和港澳台商投资工业企业行政办事人员月工资，比国有工业企业分别显著高25.6%、34.7%和70.9%；相比国有工业企业，股份联合和个体经营工业企业技术工人月工资，分别显著高53.9%和79.9%，股份有限公司则显著低39.9%；相比国有工业企业，其他类型工业企业普通工人/一般员工月工资偏低，股份联合、私营、港澳台商投资和个体经营工业企业，分别显著低186.5%、54.3%、176.3%和129.4%。可以看出，我国低技能劳动者月工资水平较低，这很可能类似于美国，反映出劳动力市场工资水平两极分化的严重趋势。

行业变量：管理人员未因行业不同而产生明显工资差距。相比制造业，其他行业管理人员工资均值并未表现出显著差异，仅有科学研究、技术服务和地质勘查业显著低96.2%，文化、体育和娱乐业显著高126.9%。

专业技术人员工资均值因行业不同而产生较大差距。相比制造业，专业技术人员工资均值显著偏高的行业包括：电力、热力、燃气及水的生产和供应业137.2%，建筑业145.9%，交通运输、仓储和邮政业108%，信息传输、计算机服务和软件业133.3%，房地产业238.4%，租赁和商务服务业65.4%，科学研究、技术服务和地质勘查业83.4%，水利、环境和公共设施管理业189.7%，卫生、社会保障和社会福利业149.1%；偏低的行业包括：农、林、牧、渔业-103.8%，住宿和餐饮业-40.1%，金融业-54%，居民服务和其他服务业-36.6%，文化、体育和娱乐业-109.1%。

行政办事人员工资均值因行业不同而产生的工资差距也不大。相比制造业，行政办事人员工资均值显著偏高的行业包括：建筑业 55.9%，信息传输、计算机服务和软件业 58.4%，金融业 69.9%，卫生、社会保障和社会福利业 126.8%，文化、体育和娱乐业 90.4%。

技术工人工资均值因行业不同也产生较大差距。相比制造业，技术工人工资均值显著偏低的行业包括：农、林、牧、渔业-59.9%，建筑业-72.5%，交通运输、仓储和邮政业-74.7%，批发和零售业-42%，住宿和餐饮业-40.3%，金融业-87.9%，租赁和商务服务业-65.9%，科学研究、技术服务和地质勘查业-55%，教育-133.5%，卫生、社会保障和社会福利业-95.6%。

普通工人/一般员工工资均值甚至也因行业不同产生较大差距。相比制造业，普通工人/一般员工工资偏高的行业包括：农、林、牧、渔业 217.5%，批发和零售业 68.4%，住宿和餐饮业 73.2%，文化、体育和娱乐业 155.6%；偏低的行业包括：电力、热力、燃气及水的生产和供应业-299.6%，建筑业-224.7%，交通运输、仓储和邮政业-120.2%，信息传输、计算机服务和软件业-218.3%，房地产业-483.2%，租赁和商务服务业-106.8%，科学研究、技术服务和地质勘查业-158%，水利、环境和公共设施管理业-267.8%，卫生、社会保障和社会福利业-261.2%。

这从一个侧面也解释了我国进城务工人员为何主要集中于制造业、批发和零售业、住宿和餐饮业等行业就业。

7.4 本章小结

我们以 CMEELS 数据为基础，考察了工资的影响因素及各因素对工资收入差距的贡献（率）。结果表明，教育是产生工资差距最为重要的变量；我国依然存在着严重的性别工资差异；非农户口对工资差距的确存在影响，但影响不大；拥有外地户口反而比本地户口获得更高工资水平；其他个人特征对工资差距影响不大。

就地区内部而言，相比东部地区，中、西部地区工资差距较低。其中，中部地区的工资收入差距最小，远低于西部。从企业特征看，企业规模和企业注册类型对工资差距都有较大影响，但行业因素的影响较弱。

基于回归方程的工资差距分解结果进一步显示，教育水平、地区变量、企业规模等对工资收入差距的贡献最大。个人特征解释了工资差距的59.73%，企业特征解释了工资差距的40.27%，个人特征与企业特征对工资收入差距的影响相当。缩小工资差距既要考虑个人因素，也要考虑企业、地区等外部因素。

在本章中我们同时分析了社保缴费的内部效应。研究结果发现，虽然我国企业在社保缴费中承受了较重压力，但企业社保缴费对员工工资总额、员工个人月平均工资的挤出效应并不大；企业社保缴费每提高1%，将使员工工资总额和员工个人月平均工资分别下降1.1%、0.7%。对不同类型员工月平均工资的影响差异较大，将使管理人员、专业技术人员、行政办事人员、技术工人、普通工人/一般员工月平均工资分别变化0.08%、-0.08%、-0.04%、-1.09%和0.66%，除了技术工人在5%水平上统计显著外，其他都不显著。由此不难看出，我国大部分企业社保缴费负担仍由企业承受，但存在向员工转移的证据，只是转移比例较小或转移的形式较为隐蔽。

8 后疫情时代劳动力需求趋势

8.1 经济预期和增长动力是劳动力需求基础

新冠疫情防控政策调整，确实是2023年我国经济复苏的最大政策利好，市场主体的信心开始恢复。2022年12月13日抗疫措施全面调整，12月15日至16日又召开中央经济工作会议，从财政政策、货币政策、产业政策、科技政策与社会政策几方面作出战略部署，及时地释放出中央恢复经济的决心、防控与化解经济风险的能力。按照以往的经验，中央恢复经济的决心对提振市场主体的信心至关重要，从2023年初的宏观经济监测指标——制造业采购经理指数、非制造业商务活动指数和综合PMI产出指数——观察：1月份分别为50.1%、54.4%和52.9%，高于上月3.1、12.8和10.3个百分点；2月份分别为52.6%、56.3%和56.4%，高于上月2.5、1.9和3.5个百分点[①]；三大指数均连续两个月位于扩张区间，中国经济短期内出现小阳春，暂时恢复至合理增长区间。

但必须承认，疫情的宏观冲击与微观影响具有反复性、滞后性与长期性。观察宏观经济监测指标，制造业采购经理指数、非制造业商务活

① 来自国家统计局官方网站。

动指数和综合 PMI 产出指数，2023 年 3 月份分别为 51.9%、58.2%和 57.0%，相比上月变化 -0.7、1.9 和 0.6 个百分点；4 月份分别为 49.2%、56.4%和 54.4%，低于上月 2.7、1.8 和 2.6 个百分点，三大指数均不同程度回落①，中国经济恢复出现了反复。

这种反复背后隐藏的根源是中国经济增长动力已悄然发生转变。

始于 2008 年底的美国“大衰退”（Great Recession）包含的金融、债务和经济三重危机严重冲击全球经济，当时国际上出现了贸易出口额下降、逆全球化甚至民粹主义的趋势，全球经济在这种趋势中徘徊至今，而新冠疫情又起到推波助澜的作用。中国作为外贸依存度较高的世界第二大经济体，面临的国际形势开始发生重大逆转，来自全球贸易的外部动力对中国经济增长的拉动作用发生了由强至弱的变化，加入世界贸易组织以来所形成的拉动中国经济传统的三驾马车，即“出口、投资和消费”首次明显失去平衡。

在此过程中，中国经济正面临能否跨越“中等收入陷阱”的复杂形势和艰难考验。中国经济增速开始进入下行通道，GDP 增长率也逐步降至 7%以下，并开始进入“提质增效”的经济新常态。中国经济在复杂的国际与国内形势下砥砺前行，很长一段时期内，中国处于经济增长新旧动能转换过程中，不断探索经济增长新动力。中国开始通过一系列的积极财政政策、扩张性货币政策与各种经济工具，借以刺激、恢复和提振经济：2013 年 9 月中央提出建设“新丝绸之路经济带”和“21 世纪海上丝绸之路”，即“一带一路”的合作倡议；2020 年 5 月，政府中央提出“构建以国内大循环为主体、国内国际双循环相互促进的新发展格局”等；2022 年，政府发布“十四五”数字经济发展规划，

① 来自国家统计局官方网站。

指出“数字经济是继农业经济、工业经济之后的主要经济形态”，“2020年，我国数字经济核心产业增加值占国内生产总值（GDP）比重达到7.8%”，数字经济为经济社会持续健康发展提供了强大动力①。

值得一提的是，作为经济增长重要支撑的土地财政规模日益庞大，尤其是2015年货币化棚改使得地方财政收入充足，以政府为主导的公共投资刺激短期内拉动了中国经济，但由此造成的隐患近年来也日益凸显。此外，由于劳动力市场失业回滞现象的存在，社会总体就业需求短期内很难恢复至疫情前的水平和状态，依然需要包括企业社保降费在内的各种政策组合的助推，通过减费降税激发企业，尤其是民营企业活力，不失为恢复经济增长动力的一种良方。

由此不难看出，后疫情时代中国经济增长似乎进入瓶颈期期，经济恢复的动力相比信心同样重要。关于中国经济增长的动力，现在比较有代表性的当属日本野村证券研究院辜朝明的“资产负债表式衰退”和英德米特·吉尔提出的“中等收入陷阱”之辩。后疫情时代的中国，需要通过政府、市场与社会主体的合力，进一步修复、提升、完善经济增长的既有原动力，发现、挖掘和激活经济增长的新动力。

8.2 民营企业是扩大劳动力需求的关键

作为市场主体的民营企业，或对市场信息反应最为灵敏的中小微企业，多年来一直是中国新增就业和再就业的主要承担者，它们对经济的信心可以快速传导到劳动力需求和就业端。中小微企业有生意复苏的信心，劳动力市场才会有满足就业需求的机会。

---

① 《国务院关于印发“十四五”数字经济发展规划的通知》（国发〔2021〕29号）。

以往很多研究发现，市场主体对经济的信心会通过多重反馈机制（包括政策反馈和市场反馈机制），传导至劳动力市场。具体表现为：中央政府通过经济工作会议反馈出的经济政策信号，快速传达至主要的市场主体，通过“蝴蝶效应”提振整个市场主体的经济复苏信心；市场主体在配置要素资源时，会遵循商品供需和价格的变动规律，直接影响劳动力的需求和劳动力价格（即工资），进而改变劳动力供给、劳动力流动性，以至于整个社会的就业趋势。

2023 年初春节过后，就业回暖的信号较为明显。大量民营企业的开工期快速恢复至疫情之前，复工复产扩大了社会用工总需求，带动大量农民工在年后开始奔赴外地务工。尤其是作为民营企业重镇的东南沿海省份，各地政府带队跨省宣传用工，包机、包车大规模跨省招工，努力发出劳动力需求回暖的市场信号。当然，这种现象也有深层次经济学解释：

第一，我国人口年龄结构快速老化，适龄劳动力绝对量与相对量持续下降，即人口红利衰退引发劳动力总体供给不足成为各个是用工大省之间“劳动力争夺战”背后的“经济动因”。

第二，受技术进步和产业升级影响，劳动力供需匹配度在下降，自动化生产的企业存在招工难现象，尤其是对技术工人来源的跨地区性成为用工大省劳动力市场的常态。

第三，受土地财政、通货膨胀、生活成本上升等因素影响，中国劳动力工资存在较大的刚性（或黏性），随着工作搜寻期延长劳动力“保留工资”会上升，进一步增加企业用工成本，“抢占用工成本先机”也是上述现象出现的原因之一。

此外，三年疫情导致地方政府财政赤字和财政压力较大，保证本地企业的基本用工需求，尽快复工复产并进一步扩大生产规模，有利于政府保证税基。

8.3 就业新趋势与劳动力需求侧改革

经济恢复需要一段时期，就业形势恢复也需要时间，疫情防控政策调整首年整体就业形势还不能恢复至疫情之前的状态。从经济复苏到劳动力需求，再到劳动力供给的过程，都会存在不确定性。加之疫情期间，我国大力发展数字经济、平台经济、新业态等，也加速了技能偏向型的技术进步，产生大量的结构性失业。此外，三年疫情产生的大规模存量失业人员，以及本科毕业生临时性第二学位政策等的影响，总体上2023年的就业形势不容乐观。

近年来，我国数字经济、平台经济等新经济获得大力发展，这既是全球技术进步的大势所趋，也是我国发展经济的战略选择，更是疫情期间开拓经济增长点的有力举措。最新发布的《中华人民共和国职业分类大典（2022年版）》净增了158个新职业，其中，首次标注了97个数字职业，如数据安全工程技术人员、工业互联网工程技术人员等。可以说，中国数字经济将成为未来新经济的重要组成部分。上层建筑必须适应经济基础的变化，中国职业分类的变化正是顺应经济变化趋势的自然结果。只不过，当今技术进步日新月异，新经济包罗万象，未来职业分类大典的修订周期可能会缩短。

这些就业新趋势的出现给就业市场带来的影响具有多面性：一方面，就业新趋势确实产生了大量新就业岗位，拓宽了就业渠道，比如人工智能训练师、电子竞技运营师等新职业更符合新一代年轻劳动者的就业偏好；另一方面，就业新趋势也可能加剧就业市场的不稳定性，比如传统意义上的“蓝领”“白领”与“金领”之间的界限越来越模糊，“初级劳动力市场”与“次级劳动力市场”也不再泾渭分明，“全日制工作”与“非全日制工作”的工资待遇、总体薪酬、全面报酬之间的差距日趋缩小等。此外，就业新趋势还可能导致熊彼特创造性毁灭式的职业替代和失业问题，比如无人机驾驶员对传统驾驶员的替代，人工智能训练师对传统客服人员的替代等。

如何抓住这些机会？

首先，劳动者需要深刻认识到技术进步对各行各业的影响趋势，及时更新和提升自身专业技能，以应对未来知识老化、技能陈旧可能导致的“结构性失业”；其次，提升专业技能的同时，根据自身偏好与职业规划培育其他替代性技能，以应对未来行业大衰退所导致的失业危机；最后，改变就业观念并提升就业意识，很多就业新形态不属于传统意义上的“金饭碗”“银饭碗”等稳定工作，要努力顺应技术进步和就业新趋势，防止自己成为“接受新技术较慢的人”或“试图阻挠新技术发展的人”（即所谓的“卢德分子”①）。

劳动力市场上岗位缺口与求职者需求难以匹配，是劳动力市场的一个常态，如《2022 年第四季度全国招聘大于求职“最缺工”的 100 个职业排行》显示，汽车生产线操作工、快递员、家政服务员、车工等职业最缺工，而另一边却是求职者找不到工作。为何劳动力市场上岗位缺口与求职者工作搜寻之间经常需要较长时间的匹配过程，这其中有以

① 卢德主义（Luddism）：这是一个以可能为虚构的人物 Ned Lu 命名的运动，反对 18 世纪末和 19 世纪初英国纺织业的自动化。对那些自动化后，情况变得更糟且没有得到充分补偿的工人来说，这是一个理性的回应。避免使用现代科技的人常被认为是卢德运动或新卢德主义（Neo-Luddism）的追随者。参考：KORINEK A，STIGLITZ J E. Artificial intelligence and its implications for income distribution and unemployment. NBER Working Paper，2017：No. 24174.

下几方面原因：①劳动力市场存在信息不对称，很多岗位缺口的信息很难及时、准确、快速地传递到求职者的手中，造成潜在的雇佣双方信息匹配出现障碍；②劳动力迁移存在较大成本，实际上每个地域内都有一个不完全封闭的劳动力市场，大多数劳动力在本地劳动力市场实现岗位供需匹配，而以上报告显示的是全国的岗位供需情况；③上述职业岗位多属于非全日制工作，存在劳动强度大、工作环境欠佳、工资待遇低、劳动保护不健全等问题，与较高的生活成本相比，明显低于劳动者的心理价位（或保留工资）。

为缓解这种“错配”，需要采取以下几个政策措施：①健全职业介绍机构的功能，搭建更多公共职业供需平台，使得岗位缺口与求职者信息能够及时匹配；②政府的劳动力市场分析报告可以进一步延伸，以观察区域性劳动力市场岗位供需状况；③加大我国非全日制劳动者的保护力度，扩大社会保险覆盖范围，将该群体的社会保障权益纳入法治化轨道。

8.4 高校毕业生和农民工就业需求成为政策难题

大学生就业难是困扰中国和很多国家的一大政策难题。理论上，大学生作为青年群体，缺乏工作经验和职场磨炼，存在理论知识与工作实践脱节问题，历来都是劳动力市场的弱势就业群体之一。三年疫情确实在劳动力需求和劳动力供给两方面严重冲击了大学生就业市场。公开数据显示，2023 届全国普通高校毕业生规模预计达 1 158 万人，同比增加 82 万人，加上 2022 年未成功就业的高校毕业生，规模可能更大。

2022 年底的中央经济工作会议明确提出，要落实落细就业优先政策，把促进青年特别是高校毕业生就业工作摆在更加突出的位置。疫情政策调整之后，全国大学全面恢复线下教学，为毕业生工作搜寻、现场面试、成功求职提供了组织保障。政策具体落实方面，政府和高校等相关部门做了很多工作，比如开展专场招聘活动、一些大学辅导员甚至“直播带人”，向企业推介自己的学生，但是高校毕业生找工作难的现象仍普遍存在。解决大学生就业难，是一个长期、连续性、不确定的过程。

本书认为可以考虑以下几个方面政策：①保持经济增长速度是主要的基础，开拓经济新的增长点，创造更多就业岗位，发挥经济增长的就业带动效应。②提升经济发展质量，加快产业技术升级，围绕产业链附加值高的环节创造更多适合大学生就业的高质量岗位，避免人才资源浪费。③加强高等教育专业设置与社会发展趋势的联系，开设更多实用课程，以适应社会分工的细化，以及新时代大学生的就业偏好。④大学本科属于通识性教育，毕业生进入工作岗位存在一个适应期，可能短暂出现知识结构与企业需求不一致的情况。但大学生学习能力和学习速度较快，企业要避免对大学生的就业歧视，真正承担起岗位培训的社会责任，这需要政府加大劳动法对企业合理用工的约束力度。

但在后疫情时代，高校毕业生找工作仍不会很容易：①经济复苏需要一个过程，很多经历三年疫情的企业调整了用工规模和用工理念，对潜在用工需求持保守态度，直接影响市场总体劳动力需求；②疫情期间，学校主要通过网络课堂等讲授知识，相比线下的师生互动、群体学习、校园熏陶、能力锻炼，疫情下学生的培养质量明显不足；③疫情对微观个体的影响具有长期性，经历疫情的（准）毕业生，面对劳动力市场的萧条，对其求职心理、职业规划，甚至未来的劳动力市场表现，均可能存在不可预估的负面影响。

除了高校毕业生外，农民工群体（也称为“新产业工人”）也就业困难。农民工群体对我国城市经济发展的贡献不言而喻，但分享到的经济发展成果比重偏低。新时代国家对“三农”问题更加重视，如新一轮国务院机构改革中组建“国家乡村振兴局”、共同富裕战略实施过程中提出“民族要复兴，乡村必振兴”口号，以及2023年中央一号文件关于“全面推进乡村振兴重点工作的意见”，等等。但解决“三农”问题的突破口仍是农民增收问题，尤其是农民外出务工和非农收入。

围绕农民工就业，应该关注以下几方面：①工作环境安全问题。农民工进城务工往往处于“二级劳动力市场”，具有工作环境差、社会保险缺乏、就业不稳定、管理不规范等特征。近年发生的“内蒙古煤矿坍塌事故”，很多矿工属于第三方劳务派遣，工作环境不安全、工人缺少足够的安全程序培训等。②农民工技能培训的问题。技术进步导致大量工作被自动化替代，作为知识技能本就欠缺的农民工，被替代的风险最大，如何培训农民工群体新的技能成为严峻的社会问题，目前尚未有清晰的解决方案。另外，很多新生代青年农民工群体，由于没有一技之长、缺乏技能培训的主动意识，陷入城市留不下，农村回不去的尴尬境地，可能成为一个社会难题。③农民工的社会保障问题。为降低用工成本，很多用人单位规避企业社会保险缴费，导致以非全日制、非正规就业为主的农民工大多未被社会保险覆盖。此外，我国社会保险统筹账户未能实现跨省转移，也降低了农民工群体对自身参保问题的重视程度。

9 研究发现和政策建议

9.1 研究发现

本书首先通过人口老龄化和社会保险制度两个维度，解释了中国企业为何承担了过重社会保险负担。通过对中国老龄化的观察发现，不同经济区域之间的老龄化程度和老年抚养比存在较大差异：经济发达地区（或省份），其老龄化程度和老年抚养比呈现下降趋势，而经济相对落后地区（或省份）则相反；同时，中国城乡劳动力流动加速了农村的老龄化程度，中国农村人口老龄化衍生的社会问题可能更复杂；劳动力城乡流动可能在一定程度上缓解了经济发达的东部沿海地区的老龄化程度。

中国社会保险体系存在比较大的制度和地区差异，具体而言：中国的社保体系整体水平不高，并未进行突破性改革，对中国社会福利的贡献仍达不到中等发达国家标准；同时，城乡之间的养老金待遇差别明显，不能真正体现出“同舟共济”的社保制度本质；城镇内部，不同人群从社保体系中获得的福利也存在明显差距。

本书对中国不同省份企业平均的社保缴费能力和缴费负担进行了估算，测算结果显示：①中国大多数省份企业平均的社保缴费负担偏重，仅有少数地区企业平均的社保缴费能力超过法定社保缴费率；②企业平均的社保缴费能力和缴费负担，在不同省份之间存在较大差异，经济不发达省份企业平均的社保缴费能力偏低且企业平均的社保缴费负担也偏重，经济发达省份则相反。

本书采用计数模型，利用2007年中国地级市的工业企业汇总数据，实证分析地级市企业诞生数量的影响因素，重点考察企业社保缴费率在其中的作用。实证结果发现：养老和医疗保险缴费率、工伤和失业保险缴费率对企业诞生数量，分别存在显著负向和正向影响；住房公积金和住房补贴-工资比率则存在显著负向影响。

本书对工业企业按不同注册类型划分，重点分析国有及集体、私营和港澳台（外）商投资工业企业诞生数量的影响因素，重点观察企业社保缴费率的影响。结果发现：①国有及集体工业企业诞生数量的影响因素中，养老和医疗保险缴费率显著为负，工伤和失业保险缴费率、住房公积金和住房补贴-工资比率的影响为正，影响程度分别为-0.08（在10%水平上统计显著）、0.14和0.22；②私营、港澳台（外）商投资工业企业诞生数量影响因素中，养老和医疗保险缴费率显著为负，工伤和失业保险缴费率的影响为正，住房公积金和住房补贴-工资比率的影响为正，影响程度分别为-0.09、0.28和-0.22（分别在1%、5%和10%水平上统计显著）；-0.06、0.39和-0.35（分别在10%、1%和1%水平上统计显著）。

本书对制造业按要素密集度划分为劳动密集、资本密集和技术密集型。实证结果一致表明，不同要素密集度制造业企业诞生数量影响因素中，养老和医疗保险缴费率存在显著负向影响，工伤和失业保险缴费率则存在显著正影响，住房公积金和住房补贴-工资比率存在显著负向影响。影响程度分别为：-0.06、0.27 和-0.26（均在 5%水平上统计显著）；-0.12、0.38 和-0.20（分别在 1%、1%和 10%水平上统计显著）；-0.09、0.32 和-0.22（分别在 1%、1%和 10%水平上统计显著）。

微观层面，我们考察了企业社保缴费率与各层面员工工资之间的关系，分别采用 2SLS 估算了企业实际社保缴费率对企业员工工资总额和个人月平均工资的影响。结果发现，企业社保缴费率每提高 1%，使得企业员工工资总额和员工个人平均工资，分别下降 1.1%和 0.7%，在 1%和 10%水平上统计显著。

同时，我们利用似不相关回归方程，分析了企业实际社保缴费率与不同类型员工层面个人月平均工资之间的关系。结果发现，企业社保缴费率可能通过城市层面社保缴费-工资比率均值，或者行业层面社保缴费-工资比率均值，对不同类型员工个人工资产生差异性的影响。

9.2 厘清政府社保责任边界的政策建议

本书的观点是：中国企业承担的社保缴费义务过重，应该重新划分国家、企业和个人的社保承担或义务。总体的政策建议是合理划清政府的社保责任边界，降低企业社保缴费率，提高个人社保承担比重。此外，政府还需要提高社保基金管理水平，增强社保基金的使用效率。

在社保责任上，政府应该科学定位自身的角色，具体而言包括：建立国民公共养老保险和基本公共医疗保险，并尽可能早地解决制度的碎片化问题；主动承担起社保制度转型成本；尽早建立和完善国家统筹模式；加强对社保基金的监管，扩大社保基金保值增值空间。

9.2.1 政府有限兜底

在社会保险体系建立和发展过程中，各国政府都曾不同程度地出现过责任边界不清的情况。社会保险的负担，包括资金筹集、基金支付以及制度监督，是国家、企业、个人三方承担主体的共同责任。在“统账结合”的筹资模式下，三方承担主体对社保账户负担应该有合理的比例。在社保基金收不抵支时，首先考虑的对策是调整缴费率抑或是扩大缴费人群，其次才是国家的财政补贴，唯此才可确保整个社保体系的可持续性。

相比之下，地方政府的财权大于事权，中央政府财权与事权不匹配。在较低的统筹层次下，养老保险事权和财权基本归属各级地方政府；而中央政府事权有限，无法调剂不同地区间的养老保险金盈余；中央政府仅有的财权则是对地方养老保险资金缺口进行财政补贴。事权与财权的不统一，导致地方各级政府将资金缺口逐渐转嫁给中央政府，出现事权和财权的代理风险。

中央政府如果对地方政府作出“财政兜底”的许诺，地方政府极有可能通过虚报隐瞒的方式获得中央政府的转移支付，最后中央财政就可能陷入财政风险与社会稳定的两难之中——弥补地方资金缺口可能引起中央财政赤字，但又不得不维护国家信用和社会稳定。可见，政府社保如果责任边界不清，一方面会造成中央财政压力沉重，另一方面也不利于地方政府有效利用社保基金，难以从体制上保证整个社保体系的有效和可持续运转。2016 年，时任国务院总理李克强在全国两会答记者问中提及，“（养老金发放）确有突出困难的（地方政府），只要尽力了，中央政府是会给予补助的……但有一条，地方必须尽职尽责”[①]。

以公共养老金为例，为全体公民提供基本的公共养老保险是每个政府的责任，而政府对公共养老保险的补贴方式反映了政府养老保险责任

---

① http：//news. china. com/2016lh/zb/11176743/20160316/22024828. html。

的不同负担方式。在本书中，我们通过对世界各国政府在养老保险中的责任进行对比，将国家划分为三类：不负担责任；在收入方面补充养老保险；在支出方面补充养老保险（即补充赤字），见图 9-1。

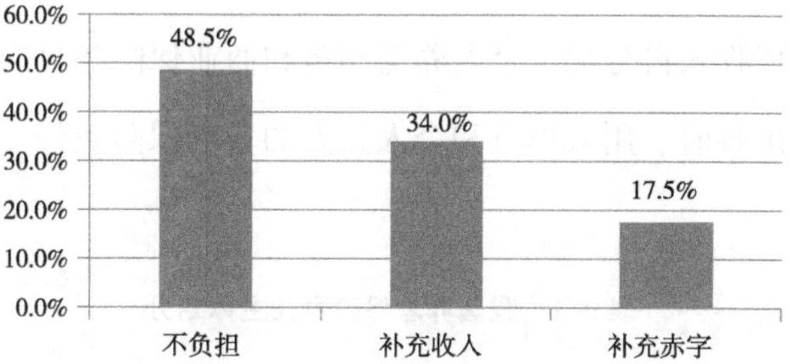

图 9-1　103 个国家政府养老保险责任类型情况

通过对 103 个国家的观察，政府对养老保险制度不进行财政补贴的占多数，其次是补充收入的，而补充赤字的情况最少。这说明大多数国家政府建立的养老保险制度自身能实现自我收支平衡；在出现资金短缺时，更多的国家会首选补充收入，其次才是补充赤字。

9.2.2　建立多层次的社会保险体系

中央政府在社会保险责任中的另一项重要功能是建立国民公共养老保险和医疗保险。以前者为例，国民公共养老保险是养老保险体系的基础，是保证每个公民老年时都能得到满足最低水平生存需要的资金来源。老年人受身体条件限制，逐渐丧失工作能力，最容易成为贫困人群，而政府提供的公共养老金则能在一定程度上缓解老年贫困的发生。

同时，不能突破社会保险的基本功能，应该重视企业年金和商业保险等私人保险的社会功能，否则政府的社保负担容易过重。应该鼓励有条件的公民参加企业年金和商业性的储蓄保险。企业年金和商业保险的存在可以避免单纯依赖国民公共养老，从而降低陷入老年贫困的概率或风险。

多层次的养老保险体系能够增强社会养老保险和私人养老保险共同构成的整个养老制度的稳定性。未来我国养老保险体系的建立应尽可能包括三个层面的制度，即国民养老金、个人账户养老金以及补充养老金，分别体现收入再分配、个人养老储蓄和商业保险各自的功能，同时也合理划分出政府、用人单位和个人三方的养老保险责任。具体框架见表9-1。

表9-1　我国养老保险责任主体划分

层次	第一层次	第二层次	第三层次
项目	国民养老金	个人账户养老金	补充养老金
管理主体	中央政府集中管理	省市级地方政府负责；市场运作和管理	商业保险机构
目标替代率	城镇20%，农村5%	40%	15%
资金筹集	税收	费	自愿参加，保险费
缴费主体	政府税收	用人单位	个人
体现的责任	政府责任	雇主责任	个人责任
平衡方式	中央财政	地方政府	自我精算平衡
政府的责任	管理、财政支持	管理、税收政策	监管、税收政策
特点	普遍保障	收入/缴费关联	商业运作
基金的建立	中央养老风险基金	个人账户风险基金	保险保障基金
目标	为全体老年人提供最基本生活保障	保证老年人退休后生活水平不至于大幅降低	满足个人养老储蓄的市场需求

9.2.3　解决社会保险制度碎片化问题

我国社会保险出现严重碎片化，尤其是养老和医疗保险最为明显。富人多得，穷人少得甚至难以缴纳保费的情况，可能在局部范围内引起收入分配差距，不能真正体现社会保险的全民互助功能。根据受保对象不同，我国当前的养老保险制度可分为机关和事业单位、城镇企业职工、城乡居民、农民工等几类人群，其中：

公共部门长期以来沿袭1958年的退休金政策。机关事业单位人员的养老保险，退休后以较高替代率由国家财政支付；同时享受国家公费医疗。权利和义务的不对等，一方面增加了各级政府的财政负担，另一方面也挤占了其他人群的社会福利，甚至可能会淡化个人的社保缴费意识，从而造成严重的不良社会影响。目前，机关事业单位人员已开始并入城镇职工养老保险框架，但实际操作中问题较多、难度较大、阻碍较明显。

对于城镇职工基本养老保险，企业和个人负担极大比例。我国养老保险现收现付制下，资金统筹实行"统账结合"模式，个人账户逐渐演变成"空账"，而且其养老金替代率下降明显。但中央企业和国有企业长期以来享受较高的养老金替代率，同时享受较高比例的国有企业利润分配形成的高福利。

城乡居民是社会弱势群体，国家本应承担更大责任，保证该群体享受到最基本的国民养老和医疗保险。但相关统计或调查数据显示，该群体（尤其是农村居民）的社保覆盖率和水平偏低，甚至难以满足生存需要。针对城乡居民，养老保险和医疗保险难以真正承担其"保基本"的功能。进城农民工的养老保险和医疗保险，不仅参保率和保障水平偏低，甚至在参保后仍难以获得保障。养老和医疗保险的地区间转移障碍较多，必然造成劳动力市场分割，不利于建立统一的劳动力市场。

通过英法美三国情况的比较，对碎片化的统筹不但有其必要性，而且整合的时间往往与整合难度和成功概率直接相关。英国统一了国民资格、待遇比例和管理机构，基本实现了碎片整合。而法国的碎片化未能有效整合，结果是不同人群养老金水平差距较大，福利水平相互攀比，国家财政负担较重。美国则在社会保险体系建立初期就开始尝试建立统一的制度。

本书的观点是：我国政府应该统一所有参保者的社会统筹账户。为职业农民、被征地农民、农民工等建立统一的社会统筹账户，中央和省级政府对参保农民的社会统筹账户应当全国统一补贴。同时，将机关事业单位养老金制度并轨，逐步实施与企业职工相统一的缴费率和养老金替代率。

9.3 减轻企业社保缴费负担的政策建议

9.3.1 降低企业社会保险缴费率

对于企业过重的社保缴费压力，政府部门已深刻认识到并采取措施逐渐降低企业社会保险缴费率。2015 年 10 月开始，企业平均的工伤保险缴费率从 1%下调到 0.75%；企业平均的生育保险缴费率从 1%左右下调到 0.5%左右；同时建议工伤与生育保险存在基金余额的地区适当降低企业缴费率①。2016 年，时任政府总理的李克强在全国两会答记者问中提及，“在国家规定统一框架下，可以给地方更多自主权，根据当地实际情况，阶段性地适当下调“五险一金” 的缴存比例”②。2023 年 3 月 29 日，《关于阶段性降低失业保险、工伤保险费率有关问题的通知》（人社部发〔2023〕 19 号）提出，“自 2023 年 5 月 1 日起，继续实施阶段性降低失业保险费率至 1%的政策，实施期限延长至 2024 年

① http：//finance. sina. com. cn/china/gncj/2016-02-01/doc-ifxnzanh0462356. shtml。

② http：//news. ifeng. com/a/20160318/47932924_0. shtml。

底”，“阶段性降低工伤保险费率政策，实施期限延长至2024年底”，等等。

而学术界的建议更为直接，即大幅度降低企业社保缴费率。王小鲁认为，在外部经营环境不利的背景下，应该将企业的社保缴费率降低10%，才能够真正帮助企业度过艰难期①。姚余栋也认为，企业社保缴费率偏高，已深刻制约了99%中小微型企业的用工成本；中国社保基金总体缺口的真正出现要到2030年，建议2016—2025年，社保基金结余地区企业养老保险缴费率由20%降到10%，同时划拨国有资产弥补降费造成的基金缺口，2025年以后可以再提高企业社保缴费率以应对大规模人口老龄化②。

9.3.2 弥补转轨成本和做实个人账户

我国社会保险实行“统账结合”模式，但个人账户却在“空账”运行。在人口老龄化不断加深的形势下，个人账户的做实更需要充足的社保基金来源，这是历史遗留问题。社会保险制度的转轨成本较大，20世纪90年代末国有企业员工下岗潮已集中体现出这一点。2015年的养老金并轨也必然需要体量较大的社会保险基金或财政转移支付。

弥补转轨成本和做实个人账户，是历史遗留问题或社会发展成本，不能由企业来承担。而人社部官网的《我国社保费率高不高》一文也间接表明，我国社保体系一直面临基金收支平衡风险，我国养老保险基金收支缺口受到历史债务、人口老龄化、统筹层次较低以及民众对基本养老金水平期待的影响。

① 2015年末，中国经济改革研究基金会国民经济研究所副所长王小鲁接受《第一财经日报》记者专访时的观点。

② http://www.tianqi.com/news/129455.htm。

降低企业的社保缴费率，意味着国家的财政补贴需要增加。当前学界和相关部门给出了几乎相同的建议，即政府补贴的资金主要来源于国有资产，包括社会保障储备基金、社会保险基金累计结余、国有企业超额利润、国家外汇储备、中央财政转移支付等。

中央决策已明文规定，“划转部分国有资本充实社会保障基金……2020 年提高到 30%，更多用于保障和改善民生”①。此后，时任总理李克强在 2016 年全国两会答记者问中提及，“从全面长期来看，中国政府对中国公民保证养老金发放是没有问题的……同时还能够划拨社会保障储备基金和国有资产来充实养老基金”②。

学术界也有此类观点。如王小鲁（2015）认为，可以通过国有资产充实社保基金……同时建议不能只充实作为储备基金的全国社会保障基金，而是要补充到社会保险基金中来，解决当前的支付缺口③。姚余栋也建议，划拨国有资产弥补降费造成的基金缺口，以及充实国民基本养老保险基金，而且划拨比例在 30%以上才能真正弥补支出缺口④。

对于国有资产划拨养老保险所带来的经济社会影响，学术界已有论证。高奥和龚六堂（2015）分析了国有资本收入划拨到养老保险对国有企业和民营企业的政策影响机制，同时进一步考察了划拨国有资本到养老保险基金的比率与社会资本积累、消费的关系，以及与经济增长的关系。一个重要的发现是，宏观经济不景气时，民营企业获得银行贷款的概率较小、数额较少，政府可以考虑提高划拨率，此时不但对国有企业无损反而可以促进民营企业发展；在经济繁荣时期，应该适当降低划

---

① 2013 年十八届三中全会审议通过的《中共中央关于全面深化改革若干重大问题的决定》。

② http：//www. 7wenta. com/topic/0F42141AE33F1C4D7F7B61CC7E279E12. html。

③ http：//insurance. cngold. org/yanglaojin/c3934386. html。

④ 姚余栋在 2016 年 2 月 27 日“养老金政策、运营与投资”中国养老金融 50 人论坛首届峰会上的建议。

拨率，否则对国有企业造成损害的同时，对民营企业的影响也不大（高奥和龚六堂，2015）。

9.4 合理划分个人社保责任的政策建议

我国60岁以上人口所占比例从1970年开始不断上升，2000年以后老龄化呈现出加速发展的趋势，即将迎来人口老龄化高峰。我国老龄人口基数庞大，增长速度较快，且与经济发展水平不匹配，显现出未富先老的特征。与欧美国家不同，我国老龄化与计划生育导致人口结构转型过快有关。中国老龄化进程已超前于经济发展，整个社会对人口老龄化的承受力较弱。

9.4.1 国外应对老龄化的经验

老龄化造成整个社会抚养比上升，会对以养老保险为主体的社会保障制度形成巨大的挑战和压力。而现收现付制的代际转移模式，把退休一代人的养老金负担压到下一代人身上，影响下一代人的生产积极性，极大地制约经济发展，影响社会稳定。养老负担不断加重，在资金上体现为养老金总支出逐年攀升。且老年人口比例持续提高，养老金领取者与缴纳者的比值不断提高，影响现行统筹下的养老金平衡。

日本在20世纪后期开始面临人口老龄化加快、代际负担加重等情况，导致财政负担不断加重，经济增长效率下降。日本的主要措施是开源、节流、管理、搞活：扩大养老金征收对象，提高养老金缴纳基数，使用税收手段确保财政收入；同时提高养老金领取年龄，调整高龄老人的支付金额；针对以往养老保险基金的管理方式和运行方式，扩大投资范围，保障稳定收益的同时，努力实现增值；加强监督机制，严格审查养老基金进入资本市场。

9.4.2 提高社保覆盖面和扩大缴费人群

通过国际比较发现，发达国家的社保缴费和支出较为公平，社保的覆盖率较高；而发展中国家的社保缴费和支出不够平等，社保的覆盖率较低。从世界范围来看，北欧、西欧和东欧国家，养老保障项目的覆盖率最高。2005 年，英国参加养老保险计划的缴费者占劳动力总数的94%，瑞典为90%，德国为88%；在东欧转型国家中，养老保险和个人账户计划的缴费者，在捷克占社会劳动力的 86%，在罗马尼亚为57%①。这些比例明显高于除西欧国家和日本以外的其他国家。东北亚养老保险覆盖率差异较大，如日本的覆盖率与西欧国家相当，而韩国的较低。

在发展中国家，南美各国大多数公职机构的雇员和正式部门中就业的人员通常都为养老保障计划所覆盖，而其他人员则在自愿的基础上参保。非洲和东南亚/南亚国家的社会保障覆盖率偏低。例如，印度养老保障的缴费者只占劳动力总数的9%，泰国的比例也仅为18%左右。在马来西亚和埃及，养老保险的社会覆盖率要大一些，分别达到 48%和55%。但一些国家的养老保险常常存在严重的特殊主义，一些既得利益者，（政府官员及国有企业的雇员），成为享受养老保障津贴的基本人群。

9.4.3 推行和落实延迟退休制度

世界各国经济发展水平不同，人口结构存在差异，大多按照自身的

① 由于表格限制，具体数据未包含在表格中。

国情规定退休年龄。目前，世界各国退休年龄的平均值，男性 60 岁，女性 58 岁。规定男女退休年龄一样的国家比重较大。相比之下，不发达国家法定退休年龄偏低。同时，通过退休年龄的对比发现，世界各国的退休年龄呈现出逐渐提高的趋势（见表 9–2）。

表 9–2 世界各国养老保障制度的特征对比

区域	国家	覆盖对象和覆盖率	退休年龄（岁）男	退休年龄（岁）女	退休年龄变化
发展中国家					
南美洲	巴西	巴西公民；52.2%	65	60	—
	智利	正式就业部门各类人员和自愿参保的自雇者；58%	65	60	—
非洲	南非	有限的南非公民	65	60	—
	埃及	18 岁以上的就业人口、自雇者、雇主等；55.4%	60	60	—
亚洲	印度	低于一定收入标准的雇员（自雇者、农民除外）；9.1%	58	58	老年年金为 65 岁
	泰国	15~60 岁的雇员，自雇者自愿参保；18%	55	55	—
发达工业化国家					
区域	国家	覆盖对象和覆盖率	退休年龄（岁）男	退休年龄（岁）女	退休年龄变化
西欧	德国	雇员、自雇者，公共雇员、农民等；88%	65	65	—
	英国	雇员、自雇者和自愿参保者；94%	65	60	到 2020 年，女性 65 岁
北欧	瑞典	国家基本养老金面向所有居民；90%	65	65	—
东欧	俄罗斯	城市就业者、自雇者，农民等有专门制度	60	55	—

(首部分表头"覆盖对象和覆盖率①")

① 一般缴费者占全国劳动力的百分比。

续表

发达工业化国家					
区域	国家	覆盖对象和覆盖率	退休年龄（岁）		退休年龄变化
			男	女	
亚洲	日本	所有居民；94%	65	65	—
	韩国	18~59岁的雇员和自雇者；58%	60	60	到2033年，男女65岁
	马来西亚	雇员，农民自愿参保；86%	55	55	—

资料来源：根据美国社会保障署《全球社会保障制度》（2008）、世界银行《世界发展指标》（2007）整理得到。

我国人口的预期寿命均值在提高，平均受教育年限延长，法定就业与退休年龄有提高的必要性。实施推迟退休政策的长期效果是能够有效平衡养老基金的收支，甚至有效发挥劳动力短缺趋势下的老年劳动力供给。

9.4.4 重拾家庭养老模式

我国社会的养老资源存在严重的供给和需求矛盾。供给方面：①政府和社会对养老资源的供给总量虽大，但受到人口基数较大的影响，人均供给量却有限；②经济新常态下，经济增长速度偏低，难以保证养老资源供给总量的较快增长；③我国城乡经济结构二元化特征较为明显，养老资源城乡间分配极不均衡。

需求方面：20世纪60年代出生的“婴儿潮”一代马上步入退休年龄，老年人口数短期内增长较快，养老资源的实际需求非常大。

面对养老资源供与需的严重失衡，急需家庭养老模式的支撑。按照Quadagno（2008）的观点，人们通常会建立一个自我“社会支持系统”，即提供情感和日常生活支持的亲人、朋友和社会组织的网络。

这一社会支持系统内部，家庭成员往往提供绝大多数日常生活支持，朋友则提供更多精神慰藉（Bengtson，Parrot & Burgess，1997）。交换理论可以解释社会支持，即人们在社会交换中寻求最大化的回报和最小化的付出（Marshall，1996），交换可以是即时的，也可以是推迟的，后者往往注重隔代的服务和责任的交换，如一位外祖母帮助她的女儿抚养外孙女，她可能积累了很多“信用”，在她年老需要人照顾时，她可以使用这些“信用”（董维真，2009）。

但是子女对年老父母的照料，是单纯源于传统孝道或推迟交换、抑或是情感维系？以上三种因素在不同代际家庭成员关系中的比重，一直困扰着西方的学者。有人认为，中国传统孝道的影响在降低而赡养老人的需求在上升，家庭养老模式能否在中国延续存在不确定性。秦晖认为中国回归家庭养老存在很多困难，主要有两个理由：①世界各国的家庭结构都发生了较大变化，家庭在养老中的实际功能已被严重削弱；②多年限制人口生育的政策已隔断了中国家庭养老模式的运行机制[①]。

尽管家庭养老功能在弱化，但受到儒家文化的长期影响，在未来相当长一段时期内，家庭仍是我国老年人经济供养、生活照料和精神慰藉的重要承担者——至少是“婴儿潮”出生的一代人期望的重要养老方式（徐凤辉和赵忠，2015；徐凤辉，2015）。家庭养老是我国应对即将到来的极高人口老龄化的重要保障。但家庭养老仍需要最低生活保障、基本公共养老保险、医疗保险等配套制度的支撑。尤其是在农村地区，农业人口占总人口比重较大，而农民收入偏低，重返和完善家庭养老模式具有现实性和可操作性。

---

① http：//business. sohu. com/20151205/n429868578. shtml。

9.4.5 考虑试点推行“基金积累”制

目前世界各国社会保险筹资方式主要有三种：现收现付制、基金积累制和部分积累制。

现收现付制，是世界范围内使用最普遍的模式。这种模式赖以存在的社会条件：非老年人口比重大，国家经济基础较好，税收体系完善，社保基金管理制度完备，以及拥有相关的配套法律。但随着老龄化持续加剧，该模式将形成政府入不敷出的局面。

基金积累制，是政府或企业通过强制或激励分方式，不断积累个人账户的资金，待个人退休后完全返还的社保支出模式。它的主要特征为：①建立个人账户，雇主和雇员缴费或者政府的补贴，全部纳入个人账户进行累积；②雇员退休后的养老金根据个人账户中积累的本金和投资回报收益来确定；③个人账户的缴费可以进行投资，利用资本市场的投资回报提高退休后的个人养老金水平。

部分积累制，是现收现付式与基金积累式养老保险制度的混合体。该模式由两部分组成，一部分是现收现付制，体现基本保障，保持代际转移，体现公平制度；另一部分是个人账户的积累，体现激励机制和效率原则。中国社会保险基金管理模式是典型的部分积累制。

在经合组织（OECD）国家，由于生育率低、劳动力提早退休和人口老龄化等原因，社会保险收不抵支现象也很严重，主要的应对策略是从现收现付制转向基金积累制的个人账户制转变（Fox & Palmer, 2000）。我国社会保险既包括现收现付制成分，也包括基金积累制成分，但实际操作中，“统筹账户”的基金存在大量被挪用的情况，而且“个人账户”是“空账”，极大地增加了我国社会保险基金的收支风险。此时面临两个选择：①完善甚至扩大基金积累制成分，在做实“个人账户”的同时提高“个人账户”基金的比例；②实行基金积累制，将企业与个人缴费以及政府补贴，全部通过个人账户进行积累，并根据个人账户的本金和投资收益来决定个人养老金水平。

9.5 加强社保基金管理的政策建议

如果提高政府在社保补贴和社保支出中的责任，意味着各级政府财政压力增大。政府可以通过提高社保基金管理水平、保证社保基金有效合理使用等，部分地降低财政支出风险。

9.5.1 基金筹集和支出管理方面

中国社保统筹层次不高。即便是实现省级统筹的地区，也仅是名义上的省级统筹，即实行社保基金省级预算管理，而实际上依然停留在市县级管理，统筹层次低导致跨地区转移困难。这不仅表现在养老保险跨地区缴费、转接和领取困难，其他社保项目亦是如此。比如，医疗保险在很多地区未能实现省内联网，导致医疗保险的报销比例即便在省内也会出现较大差异。

统筹层次低扭曲了中央与地方间的财政关系。养老保险基金管理与使用权掌握在地方政府手中，中央财政无法调配基金，仅能给缺口地区提供财政补贴。另外，中央政府无法在区域间调剂使用养老保险基金：由于社保基金的结余归地方所有，社保基金结余省份可根据实际情况提高辖区内参保人的社保金水平，但是很多地方社保基金存在被挪用甚至贪污的情形；同时，很多社保基金存在收支缺口的地区不断向中央政府要求增加财政补贴，目的在于缩小与经济发达地区的社保支出差距；部分地区甚至出现养老保险基金中央财政补贴支出和基金结余同时增加的现象。这种统筹层次较低、事权和财权不清晰的基金管理体制，影响了我国社保基金的使用效率。

本书的观点是，应一步到位建立全国统筹模式，而不是由县或市统筹再过渡到省级统筹，防止地方保护影响政策实施进度。中央应尽快建立和完善基本养老（和医疗保险）垂直经办体制，下级经办机构直接受上级经办机构的领导与指挥，而不是现行的属地管理体制。在此过程中，中央经办机构负责制定社保基金收支预算，地方各级经办机构则负责征缴。

9.5.2 基金投资运营管理方面

我国社保基金运营管理水平较低，不仅增值空间不大，甚至难以达到保值的基本要求。目前，中央政府对地方政府投资运营管理社保的管制极为严格。要求社保基金只能用于转存银行存款和购买国家债券，地方财政部门不得动用基金结余进行任何其他形式的直接或间接投资，甚至将对社保基金投资运营管理的保障上升到法律高度①。

我国社保基金保值增值方式单一，导致地方社保基金升值空间受限。根据中国人民银行的规定，金融机构存款利率可在人民银行基准利率的基础上最高上浮10%，存款利率水平较低。在居民消费价格持续走高的宏观形势下，社保基金存款的保值都是难题。而且社保基金在国债购买的选择上也规定不得购买凭证式国债②。目前中央没有制定规范的社保基金保值增值办法，在实际工作中，各地缺少对社保基金收支结余情况的定期定量分析，缺乏规范的社保基金保值增值长效机制，部分地

① 2010年出台《社会保险法》做出相关规定，2012年财政部下发《关于加强和规范社会保障基金财政专户管理有关问题的通知》重申。

② 中国人民银行、财政部《关于2012年凭证式国债改革工作的指导意见》规定，凭证式国债仅面向个人投资者发售，不得向政府机关、企事业单位、社会团体等机构投资者发售。

区在社保基金保值增值上，随意性较大，没有规范的操作办法和硬性要求，致使社保基金保值增值情况并不理想。

为保证投保人利益，保值增值应成为社保基金管理与运营的核心问题（徐凤辉和赵忠，2015）。随着人口老龄化加剧等，社保基金保值与增值的压力会不断增大，有必要借鉴国际上的一些养老保险基金投资运营管理模式（见表9-3）。

表9-3　世界各国社会保险基金投资运营情况分析

国家	社会保障模式	基金管理机构	限制
美国	Ⅰ现收现付	社保信托基金	以政府债券为主
	Ⅱ预先积累	法人委托	多种投资工具
德国	Ⅰ现收现付	行业自治组织	非市场化运营
	Ⅱ预先积累	行业基金会	各种投资不得超过总资产的50%
法国	Ⅰ、Ⅱ均为现收现付	国家社会保险基金会	社会保险储备金50%购买政府债券，行业基金管理机构可自选投资方向
新加坡	公积金	公积金局	政府债券、信托公司股票、银行存款等
印度	Ⅰ现收现付	国家社会保险基金	—
	Ⅱ预先积累	雇员储蓄基金委员会	—
智利	个人账户	私营养老金管理公司	—

资料来源：贡森，葛延风．福利体制和社会政策的国际比较［M］．北京：中国发展出版社，2012.

在社会保障基金投资运营中，一些OECD国家采取的是“谨慎人投资原则”，如美国在1935年社保制度建立的初期即建立了社会保障信托基金管理委员会（挂在财政部下），负责社保基金的运营管理，同时做出相关规定，社保基金结余仅能用于投资政府债券或政府担保的债券。德国、瑞典、芬兰等国限定了不同投资工具在养老保险基金资产组合中所占比重的上下限。法国规定社会保险储备金的50%用于购买政府债券。

社保基金的投资运营还需要完善的监督体制。对于社会保障基金监管的实施，多数国家是由社会保障主管部门来承担。英国的社会保障部门，美国的劳动部，智利、阿根廷的社会保障部以及法国专门成立的社会保障基金监管委员会，通过审核批准社会保障基金营运机构，定期审核营运报告，处理和解决违规问题。

以养老保险金投资市场为例，澳大利亚、加拿大、日本、荷兰、瑞士、英国和美国七个国家都有各自的政府监督制度。这些国家的经验表明：①社会保险基金应作为特殊的社会资产进行管理，不能与政府财政相混淆；②成立专门受托机构，对社保基金进行管理、运营和投资；③政府对社保基金受托机构要有完善和专业的监督体制。

参考文献

[1] ACEMOGLU D, D AUTOR. Skills, Tasks and Technologies: Implications for Employment and Earnings. In: O ASHENFELTER, D CARD. Handbook of Labor Economics, Part B. Amsterdam: Elsevier, 2011: 1043-1171.

[2] ALM J, R BAHL, M N MURRAY. Tax structure and tax compliance [J]. The Review of Economics and Statistics, 1990, 72 (4): 603-613.

[3] ANDERSON P, B MEYER. The effects of the unemployment insurance payroll tax on wages, employment claims and denials [J]. Journal of Public Economics, 2000, 78: 81-106.

[4] AUTOR D H, D DORN. The Growth of Low-Skill Service Jobs and the Polarization of the US Labor Market [J]. American Economic Review, 2013, 103 (5): 1553-1597.

[5] BACKER K, L SLEUWAEGEN. Does Foreign Direct Investment Crowd Out Domestic Entrepreneurship? [J]. Review of Industrial Organization, 2003, 22 (1): 67-84.

[6] BAICKER K, A CHANDRA. The Labor Market Effects of Rising Health Insurance Premiums [J]. Journal of Labor Economics, 2006, 24 (3): 609-634.

[7] BENGTSON V L, BURGESS E, PARROTT T M. Theory, Explanation, and a Third Generation of Theoretical Development in Social Gerontology [J]. Journal of Gerontology, 1997, 52B (2): S72-88.

[8] BLAU D M, D B GILLESKIE. Health Insurance and Retirement of Married Couples [J]. Journal of Applied Econometrics, 2006, 21 (7): 935-953.

[9] BLOOM D E, J G WILLIAMSON. Demographic Transitions and Economic Miracles in Emerging Asia [J]. The World Bank Economic Review, 1998, 12 (3): 419-455.

[10] BIRDSALL N, A KELLEY, S SINDING. Demographic Change, Economic Growth, and Poverty in the Developing World [M]. Oxford, U. K.: Oxford University Press, 2003.

[11] CHETTY R, A FINKELSTEIN. Social Insurance: Connecting Theory to Data [J]. Handbook of Public Economics, 2013 (5): 111-193.

[12] CORSETTI G. An Endogenous Growth Model of Social Security and the Size of the Informal Sector [J]. Revista de Analisis Economico, 1994, 9 (1): 57-76.

[13] COASE R H. The Nature of the Firm [J]. Economica, 1937: 386-495.

[14] DUNNE T, S D KLIMEK, M J ROBERTS, D Y XU. Entry, Exit, and the Determinants of Market Structure [J]. RAND Journal of Economics, 2013, 44 (3): 462-87.

[15] FOSTER L, J HALTIWANGER, C SYVERSON. Reallocation, Firm Turnover, and Efficiency: Selection on Productivity or Profitability?

[J]. American Economic Review, 2008, 98 (1): 394-425.

[16] HOLMLUND B. payroll taxes and wage inflation [J]. The Scandinavian Journal of Economics, 1983, 85 (1): 1-15.

[17] GRUBER J, A B KRUEGER. The Incidence of Mandated Employer-Provided Insurance: Lessons from Workers' Compensation [J]. Tax Policy and the Economy, 1991 (5): 111-143.

[18] GRUBER J. The Incidence of Mandated Maternity Benefits [J]. The American Economic Review, 1994, 84 (3): 622-641.

[19] GRUBER J. The Incidence of Payroll Taxation: Evidence from Chile [J]. Journal of Labor Economics, 1997, 15 (3): S72-S101.

[20] GRUBER J, R MCKNIGHT. Why did employee health insurance contributions rise? [J]. Journal of Health Economics, 2003, 22 (6): 1085-1104.

[21] GRUBER J, J POTERBA. Tax incentives and the decision to purchase health insurance: evidence from the self-employed [J]. The Quarterly Journal of Economics, 1994, 109 (3): 701-733.

[22] GUNDERSON M, D HYATT, J E PESANDO. Wage-pension trade-offs in collective agreements [J]. Industrial and Labor Relations Review, 1992, 46 (1): 146-160.

[23] GUSTAFSSON B, S LI, N LUDMILA, K KATARINA. Rubles and Yuan: Wage Functions for Urban Russia and China at the End of 1980s [J]. Economic Development and Cultural Change, 2001, 50 (1): 1-17.

[24] HOLTZ-EAKIN D, J R PENROD, H S ROSEN. Health insurance and the supply of entrepreneurs [J]. Journal of Public Economics,

1996, 62 (1-2): 209-235.

[25] JOHNSON R W, A J DAVIDOFF, K PERESE. Health insurance costs and early retirement decisions [J]. Industrial and Labor Relations Review, 2003, 56 (4): 716-729.

[26] KOMAMURA K, A YAMADA. Who bears the burden of social insurance? Evidence from Japanese health and long-term care insurance data [J]. Journal of the Japanese and International Economies, 2004, 18 (4): 565-581.

[27] KOLM S. Unequal Inequalities I [J]. Journal of Economic Theory, 1976, 12 (3): 416-442.

[28] LAI Y C, S MASTERS. The effects of mandatory maternity and pregnancy benefits on women's wages and employment in Taiwan, 1984—1996 [J]. Industrial and Labor Relations Review, 2005, 58 (2): 274-281.

[29] LEE R, A MASON. What Is the Demographic Dividend? [J]. Finance and Development, 2006, 43 (3).

[30] LI Z G, M Q WU. Estimating the incidences of the recent pension reform in China: evidence from 100, 000 manufacturers [J]. Contemporary Economic Policy, 2013, 31 (2): 332-344.

[31] LIANG Z. The Age of Migration in China [J]. Population and Development Review, 2001, 27 (3): 499-524.

[32] LOMI A. Density dependence and spatial duality in organizational founding rates: Danish commercial banks, 1846-1989 Organization Studies [J]. Academic Journal, 2013, 21 (2): 433-461.

[33] MARSHALL V. The State of Theory in Aging and the Social

Science [M]//R BINSTOCK, L GEORGE. Handbook of Aging and the Social Science. San Diego, CA: Academic Press, 1996.

[34] MASON A, T KINUGASA. East Asian Economic Development: Two Demographic Dividends [J]. Journal of Asian Economics, 2008, 19 (5): 389-399.

[35] MICHELACCI C, H RUFFO. Optimal Life Cycle Unemployment Insurance [J]. American Economic Review, 2015, 105 (2): 816-859.

[36] MONTGOMERY E, K SHAW, M E BENEDICT. Pensions and Wages: An Hedonic Price Theory Approach [J]. International Economic Review, 1992, 33 (1): 111-128.

[37] NIELSEN I, R SMYTH. Who bears the burden of employer compliance with social security contributions? Evidence from Chinese firm level data [J]. China Economic Review, 2008, 19 (2): 230-244.

[38] NYLAND C, R SMYTH, C J ZHU. What Determines the Extent to which Employers will Comply with their Social Security Obligations? Evidence from Chinese Firm-level Data [J]. Social policy & Administration, 2006, 40 (2): 196-214.

[39] ORR D. The Determinants of Entry: A Study of Canadian Manufacturing Industries [J]. Review of Economics and Statistics, 1974, 56 (1): 58-66.

[40] OOGHE E, E SCHOKKAERT, J FLECHET. The incidence of social security contributions: An empirical analysis [J]. Empirica, 2003, 30 (2): 81-106.

[41] QUADAGNO J. Aging and the Life Course [M]. Boston: McGraw-

Hill, 2008.

[42] RANCHHOD V. The Effect of the South African Old Age Pension on Labour Supply of the Elderly [J]. South African Journal of Economics, 2006, 74 (4): 725-744.

[43] ROYALTY A B. Tax preferences for fringe benefits and workers' eligibility for employer health insurance [J]. Journal of Public Economics, 2000, 75 (2): 209-227.

[44] SHORROCKS A F. Inequality decomposition by factor components [J]. Econometrica, 1982, 50 (1): 193-211.

[45] SHORROCKS A, D SLOTTJE. Approximating unanimity orderings: an application to Lorenz dominance [J]. Journal of Economics, 2002, 9 (1): 91-117.

[46] STROUPE K T, E D KINNEY, T J J KNIESNER. Chronic Illness and Health Insurance - Related Job Lock [J]. Journal of Policy Analysis and Management, 2001, 20 (3): 525-544.

[47] SUMMERS L H. Some simple economics of mandated benefits [J]. American Economic Review, 1989, 79 (2): 177-183.

[48] TACHIBANAKI T, Y YOKOYAMA. The Estimation of the Incidence of Employer Contributions to Social Security in Japan [J]. Japanese Economic Review, 2008, 59 (1): 75-83.

[49] WAN G H. Accounting for Income Inequality in Rural China: a Regression-based Approach [J]. Journal of Comparative Economics, 2004, 32 (2): 348-363.

[50] WOODBURY S A. Substitution between wage and nonwage benefits

[J]. The American Economic Review, 1983, 73 (1): 166-182.

[51] 白重恩, 吴斌珍, 金烨. 中国养老保险缴费对消费和储蓄的影响 [J]. 中国社会科学, 2012 (8).

[52] 白雪梅. 教育与收入不平等: 中国的经验研究 [J]. 管理世界, 2004 (6).

[53] 蔡昉, 王美艳. 为什么劳动力流动没有缩小城乡收入差距 [J]. 经济学动态, 2009 (8).

[54] 蔡昉. 人口转变、人口红利与经济增长可持续性: 兼论充分就业如何促进经济增长 [J]. 人口研究, 2004 (2).

[55] 蔡昉, 理解中国经济发展的过去、现在和将来: 基于一个贯通的增长理论框架 [J]. 经济研究, 2013 (11).

[56] 蔡昉. 二元经济作为一个发展阶段的形成过程 [J]. 经济研究, 2015 (7).

[57] 蔡昉, 都阳, 王美艳. 户籍制度与劳动力市场保护 [J]. 经济研究, 2001 (12).

[58] 陈钊, 陆铭, 佐藤宏. 谁进入了高收入行业? ——关系、户籍与生产率的作用 [J]. 经济研究, 2009 (10).

[59] 陈钊, 万广华, 陆铭. 行业不平等: 日益重要的城镇收入差距成因 [J]. 中国社会科学, 2010 (3).

[60] 陈泽群. 社会保险政策 [M]//岳经纶, 陈泽群, 韩克庆. 中国社会政策. 上海: 格致出版社, 2009: 178.

[61] 陈弋, S DEMURGER, M FOURNIER. 中国企业的工资差异和所有制结构 [J]. 世界经济文汇, 2005 (6).

[62] 程杰. "退而不休" 的劳动者: 转型中国的一个典型现象

[J]. 劳动经济研究，2014 (5).

[63] 程杰. 养老保障的劳动供给效应 [J]. 经济研究，2014 (10).

[64] 陈沁，宋铮. 城市化将如何应对老龄化？——从中国城乡人口流动到养老基金平衡的视角 [J]. 金融研究，2013 (6).

[65] 段敏芳，田恩舜，徐凤辉. 基于工业类型结构分析的产业安全研究 [J]. 中南民族大学学报 (人文社会科学版)，2012 (1).

[66] 邓大松，刘昌平. 中国养老社会保险基金敏感性实证研究 [J]. 社会保障制度，2002 (4).

[67] 董维真. 公共健康学 [M]. 北京：中国人民大学出版社，2009.

[68] 封进，张素蓉. 社会保险缴费率对企业参保行为的影响：基于上海社保政策的研究 [J]. 上海经济研究，2012 (3).

[69] 冯毅，李实. 农民工的工资差距及其变动 [J]. 中国经济问题，2013 (4).

[70] 高奥，龚六堂. 国有资本收入划拨养老保险下的经济转型研究 [J]. 浙江社会科学，2015 (10).

[71] 贡森，葛延风. 福利体制和社会政策的国际比较 [M]. 北京：中国发展出版社，2012.

[72] 国家人口和计划生育委员会流动人口服务管理司. 中国流动人口发展报告 [M]. 北京：中国人口出版社，2011.

[73] 科斯. 论生产的制度结构 [M]. 盛洪，陈郁，译. 上海：上海三联出版社，1994.

[74] 李楠，林矗. 太平天国战争对近代人口影响的再估计：基于

历史自然实验的实证分析［J］. 经济学（季刊），2015（4）.

［75］李坤望，蒋为 . 市场进入与经济增长：以中国制造业为例的实证分析［J］. 经济研究，2015（5）.

［76］李连芬，德伟 . 我国养老金“多支柱”模式存在的问题及改革方向［J］. 财经科学，2011（3）.

［77］李璐 . 企业规模与最优内部收入差距［J］. 南京大学学报（哲学·人文科学·社会科学），2011（6）.

［78］李琴，雷晓燕，赵耀辉 . 健康对中国中老年人劳动供给的影响［J］. 经济学（季刊），2014（3）.

［79］罗楚亮，李实 . 人力资本、行业特征与收入差距［J］. 管理世界，2007（10）.

［80］龙小宁，张晶，张晓波 . 产业集群对企业履约和融资环境的影响［J］. 经济学（季刊），2015（4）.

［81］吕铁，王海成 . 劳动力市场管制对企业技术创新的影响：基于世界银行中国企业调查数据的分析［J］. 中国人口科学，2015（4）.

［82］马双，孟宪芮，甘犁 . 养老保险企业缴费对员工工资、就业的影响分析［J］. 经济学（季刊），2014（3）.

［83］聂辉华，江艇，杨汝岱 . 中国工业企业数据库的使用现状和潜在问题［J］. 世界经济，2012（5）.

［84］秦雪征，刘国恩 . 医疗保险对劳动力市场影响研究评述［J］. 经济学动态，2011（12）.

［85］曲兆鹏，赵忠 . 老龄化对我国农村消费和收入不平等的影响［J］. 经济研究，2008（12）.

［86］任重 . 中国城镇居民地区工资差距测度与分解［J］. 当代经

济研究，2009（2）.

［87］SHORROCKS A，万广华．收入差距的地区分解［J］．世界经济文汇，2005（3）.

［88］施炳展，逯建，王有鑫．补贴对中国企业出口模式的影响：数量还是价格？［J］．经济学（季刊），2013（4）.

［89］邵敏，包群．出口企业转型对中国劳动力就业与工资的影响：基于倾向评分匹配估计的经验分析［J］．世界经济，2011（6）.

［90］孙祁祥．“空账”与转轨成本：中国养老保险体制改革的效应分析［J］．经济研究，2001（5）.

［91］万海远，李实．户籍歧视对城乡收入差距的影响［J］．经济研究，2013（9）.

［92］万广华．不平等的度量与分解［J］．经济学（季刊），2008（1）.

［93］王甫勤．人力资本、劳动力市场分割与收入分配［J］．社会，2010（1）.

［94］王鹏．我国劳动力市场上工资收入差距的决定因素：基于夏普里值过程的回归方程分解［J］．财经研究，2012（2）.

［95］夏庆杰，宋丽娜．什么原因导致中国工资收入差距扩大？——来自反事实参数分解分析的证据［J］．社会科学战线，2012（1）.

［96］徐凤辉，赵忠．户籍制度和企业特征对工资收入差距的影响研究［J］．中国人民大学学报，2014（3）.

［97］徐凤辉，赵忠．老龄化、社保缴费与企业诞生［J］．经济理论与经济管理，2015（11）.

[98] 徐凤辉，各地区企业社会保险缴费能力比较研究：兼论老龄化和劳动力流动的影响 [J]. 现代管理科学，2015 (11).

[99] 段敏芳，田恩舜，徐凤辉．基于工业类型结构分析的产业安全研究 [J]. 中南民族大学学报（人文社会科学版），2012 (1).

[100] 许志涛，丁少群．各地区不同所有制企业社会保险缴费能力比较研究 [J]. 保险研究，2014 (4).

[101] 杨汝岱，朱诗娥．市场潜力、地方保护与企业成长 [J]. 经济学动态，2015 (11).

[102] 阳义南，连玉君．社会保险能降低员工辞职率吗？——中国综合社会调查的双重差分模型估计 [J]. 经济管理，2015 (1).

[103] 袁蓓，郭熙保．人口老龄化对经济增长影响研究评述 [J]. 经济学动态，2009 (11).

[104] 岳希明，李实，史泰丽．垄断行业高收入问题探讨 [J]. 中国社会科学，2010 (3).

[105] 岳希明，蔡萌．垄断行业高收入不合理程度研究 [J]. 中国工业经济，2015 (5).

[106] 赵忠．中国的城乡移民：我们知道什么，我们还应该知道什么？[J]. 经济学（季刊），2004 (3).

[107] 张伯伟，沈得芳．政府补贴与企业员工就业：基于配对倍差法的实证分析 [J]. 经济学动态，2015 (10).

[108] 张川川，J GILES，赵耀辉．新型农村社会养老保险政策效果评估：收入、贫困、消费、主观福利和劳动供给 [J]. 经济学（季刊），2014 (1).

[109] 张苏，乌仁格日乐．人口老龄化对经济发展影响研究进展

[J]. 经济理论与经济管理，2013（3）.

[110] 张维迎．理解公司：产权、激励与治理［M］. 上海：上海人民出版社，2014.

[111] 赵耀辉，徐建国．我国城镇养老保险体制改革中的激励机制问题［J］. 经济学（季刊），2001（1）.

[112] 周浩，余壮雄，杨铮．可达性、集聚和新建企业选址：来自中国制造业的微观证据［J］. 经济学（季刊），2015（4）.

后 记

中国经济社会向后工业化转型的过程中，不可避免地面临陷入发达国家曾经的发展困境，如人口结构老龄化、中等收入陷阱、技术创新瓶颈等的风险。无论是被2009年美国“大衰退”波及，还是被2020年新冠疫情冲击，或是在中国内部传统发展路径的调整过程中，中国都在一直不停寻求经济增长的新动力，其经济前景值得期待。中国拥有诸多独特的发展优势和资源支撑，足以使中国经济摆脱困境，步入增长轨道，成为世界经济的重要引领者。

正如邓小平同志提出的“发展是硬道理”理念，经济增长是劳动力需求提升、就业困境破解的物质基础，是解决发展中国家经济社会问题的关键。中国当前面临社会就业难题的根源，依然是经济增长和经济发展问题。坚持中国式现代化的发展道路，以三农经济为基础，以制造业为代表，以产业转型升级为核心，以数字经济、文化产业、碳达峰和碳中和等为引领，一定能够破解发展难题，同时满足就业需求。

作为本书研究主线的企业社保降费政策，关系经济增长动力的路径或机制。企业社保缴费率维持在何种水平，一直是政策制定者和理论研究者争论的焦点。二者的出发点不同：政策制定者需要权衡公民健康权利、企业利润和用工成本、政府财政压力；理论研究者更加期待降低企业用工成本，扩大企业再投资，提振企业劳动力需求，以缓解社会就业难题。希望本书的观点，能够起到抛砖引玉的作用，让更多同行既从微观也从宏观理性的角度思考以上问题。

本书是在笔者博士论文基础上修改而成的，在此特别感谢我的博士生导师，中国人民大学劳动人事学院院长赵忠教授。赵老师以极高的学术造诣给与我学术上的引领，以宽厚的人格修养给与我各方面的支持和帮助。我的各位同门提供的宝贵修改建议，也是本研究得以完成的重要保障。还要感谢我的助手苗旭东的帮助，他擅长图表格式的美化处理，多次修订和完善本书图表。

本书也包含了国家社科基金一般项目“疫情冲击下企业社保减费政策对缓解劳动者收入损失的影响及助推机制研究（21BJY093）”的部分成果。同时，基于第三次经济普查城市层汇总数据、中国工业企业数据库、中国人民大学劳动人事学院“中国企业雇主-雇员匹配”（CMEELS）数据，进行了大量的实证分析，形成了内容架构与数据支撑。本书写作过程中还参阅了大量国内外同行的文献资料，在此一并表示感谢。

本书得以顺利出版，与首都经济贸易大学的支持和学校出版社编辑们的辛勤工作密不可分，特别感谢出版社乔剑编审为本书所付出的耐心和努力。